다윈의 농장

인종 차별 주의의 진화론적 뿌리

다윈의 농장

초판 1쇄 펴낸 날 · 2011년 3월 25일 | 초판 1쇄 찍은 날 · 2011년 3월 20일
지은이 · 켄 햄, 찰스 웨어 | 옮긴이 · 명지대학교 창조과학연구소 | 펴낸이 · 김승태
등록번호 · 제2-1349호(1992. 3. 31) | 펴낸 곳 · 예영커뮤니케이션
주소 · (136-825) 서울시 성북구 성북1동 179-56 | 홈페이지 www.jeyoung.com
출판사업부 · T. (02)766-8931 F. (02)766-8934 e-mail: edit1@jeyoung.com
출판유통사업부 · T. (02)766-7912 F. (02)766-8934 e-mail: sales@jeyoung.com

Copyright ⓒ 2010 Leaf Publishing Company
ISBN 978-89-8350-753-2 (03230)

값 11,000원

다윈의 농장

인종 차별 주의의 진화론적 뿌리

켄 햄, 찰스 웨어 지음

명지대학교 창조과학연구소 옮김

예영커뮤니케이션

목차

추천사

켄 햄과 찰스 웨어의 다윈의 농장은 독특한 책입니다. 지금까지 진화론에 대한 비판 서적들은 적지 않게 출간되었습니다. 그러나 이 책은 진화론을 인종 차별의 뿌리로 보는 독특한 관점을 갖습니다. 진정한 인간 회복은 창조론으로 돌아갈 때에만 가능한 희망입니다. 왜냐하면 모든 인간은 하나님의 형상으로 지어졌기 때문입니다. 피부의 색깔과 상관없이 우리 모두는 창조주의 형상을 반영합니다.

이 책은 동시에 창조론적 관점만이 시대의 윤리적 갈등들의 해답임을 천명합니다. 인종 차별 이슈는 물론이고 낙태, 안락사, 동성연애 등의 문제를 제기합니다. 성경적 창조론을 떠나 우리는 이런 문제에 대한 궁극적 해답을 가질 수 없습니다. 다양한 이론들의 질곡속에서 우리는 방황을 지속할 따름입니다. 그런 의미에서 이 책은 창조론을 수용하는 사람들에게 등대입니다. 거친 파도를 헤치고 나아가야 할 우리에게 빛과 길을 제시합니다.

나는 포스트 모던의 가치관적 방황 속에서 창조론자가 아닌 분들에게도 인류의 도덕적 희망의 내일을 위해 이 책을 읽으시도록 추천하고 싶습니다. 왜냐하면 우리의 도덕적 선택은 인류 공동체의 운명을 함께 결정하기 때문입니다. 우리 모두는 함께 몰락하거나 함께 새로워질 수 있기 때문입니다. 우리를 지으신 이가 우리의 병든 모습을 치유할 수 있으신 분이십니다. 그러므로 우리 모두의 희망을 위해 이 책을 진지하게 추천하고 싶습니다.

좋은 책으로 내일의 희망을 설계하는 모든 분들에게 이 책을 추천합니다.

이동원 목사(기독교윤리실천운동 이사장, 지구촌교회 원로목사)

추천사

조셉 톤(Josef Ton) 루마니아 목사는 "서유럽의 기독교가 파괴된 것에는 두 가지 요소가 있다는 것이 나의 결론이다. 그 중 하나는 진화론이고, 다른 하나는 자유주의 신학이다. 자유주의 이론은 성경과 우리의 신앙에 진화론을 접목시킨 바로 그것이다."라고 말할 정도로 무신론적 진화론과 이를 신학에 접목한 유신론적 진화론이 교회에 미친 영향은 엄청나다. 이런 영향은 서유럽에 이어 현재 미국과 중국을 포함한 일부 선교지에서도 심각한 것으로 지적되고 있다.

이런 시점에 발간되는 『다윈의 농장』은 진화론의 과학적 문제점과 그 심각한 영향을 심도 있게 분석하여 많은 사람들의 고민을 해결해 줄 것으로 확신한다.

이 책이 이미 믿는 자에게는, 우리 안에 있는 소망에 관하여 그 이유를 묻는 자들에게 대답할 것을 항상 예비하게 하기 위하여(벧전 3:15), 아직 믿지 않은 자에게는, 창조주를 발견하게 하여 그들을 그리스도의 부활의 소망 가운데로 인도하기 위하여(행

17:22-31), 그리고 세상에 대하여는, 창조주 하나님을 경배하라는 영원한 복음을 가지고 말세의 심판 때에(계 14:6-7), 저희가 핑계치 못하도록(롬 1:18-20), 하는 일에 귀하게 쓰일 것을 기대하며 기쁨으로 추천한다.

이웅상 (명지대 교수, 한국창조과학회 회장)

역자 서문

인간의 호기심을 가장 자극하는 주제는 아마도 인간의 기원에 관한 문제일 것이다. 여기에 하나님을 떠나 있는 인간들의 기원문제에 관한 호기심에 불을 붙인 것이 '다윈의 진화론'이다. 태초에 하나님이 천지만물을 창조하였다는 진리를 멀리하려는 사탄의 마음에 던져진 불씨는 활화산처럼 타올라 많은 세계관의 변화와 인본주의 문화를 창출해 왔다.

이 책은 인종차별 문제, 민족 문제, 결혼, 동성애, 교회내 문제, 다문화가정 문제 등 현대사회에서 벌어지고 있는 다윈의 진화론이 가져다 준 폐해와 그 문제들의 올바른 성경적 해답을 제시하고, 사회속의 갈등들을 이해하고 해결하는 효과적인 방법들을 제시하고 있다.

이 책을 번역하면서 어쩌면 우리가 스스로 느끼지 못하는 사이에 진화론 문화에 깊숙이 빠져 있는 우리 자신을 발견하고 소스라치게 놀라는 순간이 많았다.

모든 사회 문제들의 해답은 하나님의 말씀으로 온전히 돌아가는 것이라고 말하고 있다.

　　또한 부록에 제시된 여러 설문들은 소그룹 모임의 유용한 자료로 활용할 수 있을 것으로 기대된다.

　　이 사역을 위하여 명지대학교 창조과학연구소가 이 책을 번역 출간하게 된 것은 하나님의 크신 축복이라 아니할 수 없다. 이 번역 작업을 위하여 몹시도 무덥던 지난 여름 바쁜 연구일정을 쪼개어 헌신적으로 땀을 흘려 주신 본 창조과학연구소 교수님들에게 주님의 위로와 하늘나라의 상급을 위하여 기도 한다.

　　그리고 하나님의 이 땅을 변화시키려는 놀라운 계획에 동참하기 위하여 이 책의 출판에 동참하여 주신 예영커뮤니케이션 김승태 사장님께도 깊은 감사를 드린다.

　　끝으로 계속적인 성원을 보내 주시고, 기도해 주시고 격려해 주신 총장님께 감사를 드리며, 이 책을 통하여 이 땅에 펼쳐갈 하나님의 성령의 역사를 기대하며 모든 영광을 우리 주님께 올립니다.

눈 덮인 함박산 기슭에서

2010년 12월

명지대학교 창조과학연구소장 김영기 교수

번역위원: 구상호 교수, 박세만 교수, 박혜련 교수, 서주원 교수,
　　　　　 송경희 교수, 전양진 교수, 조일환 교수, 최신식 교수,
　　　　　 최우영 교수, 함순애 교수, 함현식 교수, 황성필 교수,
　　　　　 황진아 교수.

서론

하나님은 업신여김을 받지 아니 하시나니
사람이 무엇으로 심든지 그대로 거두리라
(갈 6: 7)

생각은 씨앗과 같다. 씨앗처럼 생각도 작아 보이고, 대수롭지 않게 보이고, 그 생각을 하고 있는 사람 본인이 아니면 아무도 알아채지 못하고 지나칠 수도 있다. 그러나 분명한 것은 생각과 씨앗은 모두 믿을 수 없을 만큼 엄청난 힘이 있다는 것이다. 기름진 땅에 떨어진 씨앗에서 거대한 참나무가 자라나서, 대지에 단단히 뿌리를 박고, 물줄기를 바꾸고 바람의 방향을 틀어 버리는 것과 마찬가지로 인간의 마음이라는 비옥한 토양에 심겨진 생각이 인류의 사상과 신념으로 자라나서, 세계와 개인의 역사의 방향을 바꾸어 놓게 되는 것이다.

1800년대 중반에, 비글(Beagle)호가 바다를 가르며 항해하고 있을 때, 신학자이며 아마추어 생물학자 한 사람이 어떤 생각을 지어내고 있었다. 오늘날과 같이 발전된 유전학의 통찰력도 없이 피상적인 관찰에 힘입어, 이 아마추어 생물학자의 생각은 이론으로 굳어져 갔다. 그것이 바로 진화론(theory of evolution)이다. 역사를 바꾼 그의 저서, 『종의 기원(*The Origin of the Species*)』에서 찰스 다윈(Charles Darwin)은 생명체가 저절로 생겨나서 시간이 지나면서 자연의 힘에 의해 오늘날 우리가 이 지구 상에서 보는 것처럼 엄청나게 복잡하고 다양하게 변화했다고 주장했다.

하나의 씨앗처럼, 이 생각이 다윈의 마음에 고착되었고, 자라나서 성숙되어 갔다. 그의 저술과 강연을 통해서 이 씨앗은 다른 사람들의 마음에 심겨졌고, 곧 과학계의 정원에 뿌리를 내리게 되었다. 점차 사회 풍조의 바람을 타고, 진화론이라는 생각은 젊은이들을 위한 교육 제도에까지 스며들었고, 정부의 법률에도 씨앗이 뿌려지게 되었다. 곧 이 뿌리가 교회에까지 침투되어서 많은 사람들이 하나님의 말씀에 대해 갖고 있던 믿음을 질식시키기 시작했다. 때가 이르러, 이 하나의 생각이 서구 사고라는 농장(plantation of Western thinking)의 대부분을 차지하게 되었다.

이 농장에서 자란 열매가 익기 시작하는 데에는 오랜 시간이 걸리지 않았다. 이 열매가 가장 현저하게 드러난 곳이 바로 인종차별주의(racism)라는 곳이다. 아마도 다윈은 자신의 생각이 이 지구상의 문화적으로 다양한 민족에게 어떤 영향을 미치게 될지 상상도 하지 못했을 것이다. 인류의 역사는, 진화론적인 생각이 어떻게 인종차별주의에 불을 붙였으며, 또 인종차별주의자들이 자신들과 같지 않은 사람들에 대한 증오를 정당화하는데 진화론을 어떻게 이용했는지 잘 보여 주고 있다.

이 책에서, 우리는 다윈의 진화론과 각양 각색의 인종차별주의가 어떻게 긴밀하게 얽혀있는 가를 살펴보고, 인종차별주의라는 난처하고도 파괴적인 문화적 난제에 대한 해답을 역사적으로, 과학적으로, 그리고 가장 중요하게 성경적으로 찾아보려고 한다.

히틀러(Hitler)와 같은 진화론자들은 유대인과 집시, 그리고 타종족 집단을 열등하다고 여겨서 그들이 제거되어야 한다고 주장했다. 오늘날에도, 나라에 따라서는 타종족과의 결혼이 그 부모와 자녀들에 대한 핍박으로 이어지는 나라가 있다. 지구상에 아직도 존재하는 "인종 청소(ethnic cleansing)"의 시도 또한 한 집단의 다른 집단에 대한 증오의 결과이다. 심지어 교회 안에서도 피부색이 다른 사람에 대한 심한 편견을 볼 수 있다.

인종차별주의와 편견에 관한 이런 모든 문제들과 여타 많은 문제들은 과학적인 사실과 함께 적절하게 해석된 하나님의 말씀으로부터 나오는 진리의 새 씨앗이 우리의 마음에 심겨지고 배양된다면 쉽게 해결될 수 있다. 이것을 위해서 찰스 웨어(Charles Ware) 박사에게 나와 함께 이 책을 저술할 것을 제의했다. 웨어 박사는 인종간, 종족간 화해 문제에 관한 세계적인 코치이다. 1993년 이후 그는 10여 회에 걸쳐 전국 규모의 다문화사역자대회를 주도했으며, 허드슨연구소(Hudson Institute)의 인종관계 자문 팀으로 일해 왔다. 그는 현재 크로스로드 성경대학(Crossroads Bible College)의 학장이며, 크로스로드 성경교회(Crossroads Bible Church)의 담임 목사로 섬기면서 다문화 사역의 지도자로 전국적인 명성을 얻고 있다. 그는 인디애나폴리스(Indianapolis)에서 아내 샤론과 여섯 자녀와 함께 살고 있다. 하나님께서 우리에게 놀라운 우정으로 축복하시고 우리들의 사역을 위하여 같은 비전을 갖게 하셨다.

제1장 "다윈의 농장"에서 우리는 인종차별주의와 관련하여 진화론의 열매를 검토한다. 인종차별주의는 모든 시대에 걸쳐 그 추

악한 모습을 드러내 왔으며, 이는 죄와 타락의 결과이다. 전세계 대륙 이곳 저곳에서, 성경의 진리를 인간의 생각으로 대체할 때 발생하는 끔찍한 사례들을 살펴보고, 어떻게 인종차별주의가 진화론에 의하여 자양분을 얻어 왔는지를 살펴본다.

제2장 "머나먼 다리"에서는 20세기와 21세기의 인종차별주의를 다룬다. 웨어 박사는 소수 종족의 어려움에 광명의 빛을 가져오는 대신, 인종차별주의를 정당화하고, 지지하고, 널리 퍼지게 하는데 이용되어 온 성경의 오용과 남용의 역사에 대하여 폭로하면서, 이 과정에서 소수 종족들의 어려움을 밝혀줄 것이다. 유감스럽게도, 이러한 논의는 진화론적 사고와 인종차별주의가 그 뿌리를 함께 내리고 있는 교회에 대해서도 정직하게 이루어져야 한다. 이러한 뿌리들은 우리가 생각하는 것 이상으로 깊다. 수년 전에 나는 호주에서 한 신학 대학생과 대화를 나눈 적이 있었는데, 그는 호주 원주민들에게 복음을 전하기 위하여 선교사들이 시간을 낭비하지 말아야 한다고 단언했다. 그는 호주 원주민들은 아담의 후손이 아니기 때문에 구원될 수 없다고 믿고 있었다. 그의 태도가 특별한 것은 아니다. 과거 수세기 동안, 일부 선교사들이 진화론적 척도로 볼 때 원시 부족은 충분히 인간으로 볼 수 없기 때문에 원시 부족들에게 복음을 전해야 하는 필요를 느끼지 못하곤 했었다.

1880년대에 한 대학 교수가 "나는 흑인을 인간보다 하등의 종으로 보며, 흑인을 나와 같은 인간이며 나의 형제로 봐야 할지 망설여진다. 왜냐하면, 그렇게 된다면 고릴라 또한 사람으로 받아들여야 하기 때문이다."라고 그의 책에 썼다.[1] 교회 안의 너무나도 많은

---

1. Ernest Haeckel, *The History of Creation*: Vol Ⅱ, translated by E. Ray Lancaster (London: Henry S. King & Co. 1876), p. 365-366.

사람들이 하나님을 말씀대로 받아들이지 못하고, 그 대신 인본주의적이며 진화론적 사고를 그들의 세계관과 도덕에 주입해 왔다. 겉으로 보기엔 대수롭지 않은 것 같은 진화론의 씨앗이 지금 우리의 온 땅에 널리 퍼지고 있으며, 점차 번져가고 있다.

"그들이 바람을 심고 광풍을 거둘 것이라"(호 8:7)

인종차별주의와 진화론의 긴밀한 관계의 범위와 강도는 암울하고 실망적이다. 믿겨지지 않는 나치의 인종 말살 수용소의 참사가 세상에 알려진 지 반세기 이상이 지났다. 그러나 아직도 인종적 증오와 폭력에 대항하는 싸움은 우리 시대의 뜨거운 쟁점으로 남아 있다. 이를 위하여 수십억 달러의 돈이 쓰여지고 있다. 오프라 윈프리(Oprah Winfrey)는 그녀의 모든 프로그램을 이 문제에 바치고 있다. 대통령들은 해결책을 위하여 사회 및 종교 지도자들의 자문을 구하고 있다. 모든 사람들이 인종 편견의 문제를 해결하기 위하여 씨름하고 있는 것처럼 보이지만, 그러나 아직도 해결책은 보이지 않는다.

다윈의 농장(Darwin's plantation)이 지속적으로 확장되는 것을 막을 수는 없는가? 나는 막을 수 있다고 생각한다. 이 책에서 우리는 과학적이고 성경적인 사실을 통하여 큰 희망과 빛을 제시할 것이다. 하나님 말씀의 선명한 빛으로 다윈의 진화론과 인종차별주의의 뿌리들이 드러나고, 그리고 그 빛 속에서 그 뿌리들이 시들기 시작할 것이다.

제3장 "종의 진정한 기원"에서, 나는 유전학(genetics), 자연 도태(natural selection) 및 진화론의 개요를 제시할 것이다.

우리들은 과학적 사실들이 어떻게 성경의 계시와 일치하는지를 알게 될 것이며, 그 계시가 다윈의 진화론의 가능성을 파기하고 인종차별주의라는 잡초의 뿌리를 뽑아 버리게 될 것이다. 제4장 "인류"에서 우리는 성경적, 과학적 원리들을 인류에 적용할 것이다. 당신은 하나님께서 우리에게 허락하신 다양성의 이면에 존재하는 유전학적 기초를 발견하게 될 것이다. 하나님께서 우리를 얼마나 멋진 방법으로 창조하셨는지를 보게 될 것이며, 다윈의 이론과 인종차별주의와 관련된 진화론적 사고가 얼마나 깊이가 없는 것인지를 보여 줄 것이다. 제5장 "한 혈통"에서, 우리는 "인종(race)"이라는 단어가 정확히 의미하는 바를 밝힐 것이다. 정말로 다양한 인종이 존재하는가? 어디에서 이런 개념이 시작되었는가? 이 질문들에 대한 대답들은 당신이 자신과 주변의 사람들을 보는 시각을 영원히 바꾸게 될 것이다. 제시된 증거들이 당신에게 어떤 시사점을 주는가를 마음 속에서 찾아냄으로써, 당신은 새로운 방법으로 하나님 말씀의 진리를 경험하기 시작할 것이다. 제6장한 "몸"에서, 우리는 성경적, 과학적 원리들을 결혼과 데이트에 적용하여, 문화적 배경이 다른 구성원들로 이루어진 가정들을 위한 하나님의 계획을 드러낼 것이다.

제7장 "은혜의 관계"에서, 웨어 박사는 미래를 위한 꿈을 밝히기 시작한다. 즉, 인종간 증오와 분리를 기반으로 하지 않고 오히려 은혜와 화합을 기반으로 한 교회와 사회에 대한 비전이다. 그의 비전은 예리하고, 그의 계획은 분별 있고 실제적이다. 제8장 "새로운 씨앗"에서, 웨어 박사는 인종을 초월하고 은혜를 포용하는 새로운 인간 관계를 제시할 것인데, 이 관계는 우리가 그리스도 안에서 모두 하나라는 사실을 삶에서 보여 주는 것이 될 것이다.

8장이 끝난 후에, 웨어 박사는 매우 유용한 여러 부록들을 제시한다. 부록 A에서, 웨어 박사는 동성애 운동이 어떻게 인권 운동을 가로채 왔는지를 보여 줄 것이다. 유사한 주장과 전략을 써서, 동성애자들은 그들의 투쟁과 아프리카계 미국인들의 투쟁을 거짓 대비시키는 시도를 하고 있다. 동성애자들의 경우는 진화론적 사고를 기초로 하고 있기 때문에, 동성애 운동은 인권운동 투쟁과 거짓으로 동조해 오고 있다. 이것은 '다윈의 농장'의 확산에 따른 또 하나의 결과이지만, 그러나 엄중한 성경적 검토를 통해서 거짓된 대비들의 뿌리를 뽑을 것이다.

웨어 박사는 예배와 친교의 다문화 공동체를 만들기 위한 전략을 수행하는데 필요한 매우 실제적인 도구들을 부록 B, C, D에서 제공할 것이다. 이 책을 끝낼 때쯤 되면, 당신은 진화론과 인종차별주의에 관한 역사와 신학, 과학에 대하여 알게 될 뿐만 아니라, 당신의 개인적 삶에서, 당신의 교회에서 그리고 이 세상에서 이 문제들에 대해 무엇인가를 할 수 있도록 준비될 것이다.

생각은 씨앗과 같이 작지만 그러나 측량할 수 없을 만큼 강력하다. 인종차별주의의 뿌리에 자양분을 공급하면서, 다윈의 농장은 계속 커져 가고 있다. 우리는 예수 그리스도를 믿는 사람들로서 그의 말씀의 진리를 우리의 도구로 사용하여 진화론의 가설을 뿌리 뽑고 하나님의 말씀과 과학적 사실에 근거한 진리의 새 씨앗을 심을 기회를 가지고 있다. 새로운 농장을 조성하고 잘 자라도록 할 수 있다. 그러나 이번에는 그 열매가 인종차별주의가 아니고 예수 그리스도의 이름 안에서 사랑과 화합이 될 것이다.

"우리가 선을 행하되 낙심하지 말지니 포기하지 아니하면 때가 이르매 거두리라. 그러므로 우리는 기회 있는 대로 모든 이에게 착한 일을 할지니라" (갈 6:9-10).

— 켄 햄 (Ken Ham)

제1장
다윈의 농장
켄 햄

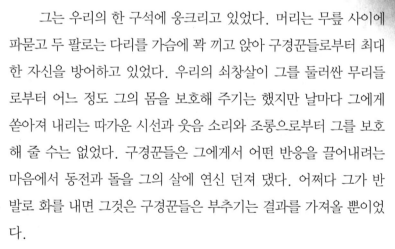

인종차별주의를 지지하는 생물학적 주장들이
1859년 이전에도 흔하긴 했지만,
진화론을 수용하게 된 이후로는
수십 배의 강도로 증가되었다

스티븐 J. 굴드, 진화론의 선두학자
(『개체발생과 식물발생』, 1977)

그는 우리의 한 구석에 웅크리고 있었다. 머리는 무릎 사이에
파묻고 두 팔로는 다리를 가슴에 꽉 끼고 앉아 구경꾼들로부터 최대
한 자신을 방어하고 있었다. 우리의 쇠창살이 그를 둘러싼 무리들
로부터 어느 정도 그의 몸을 보호해 주기는 했지만 날마다 그에게
쏟아져 내리는 따가운 시선과 웃음 소리와 조롱으로부터 그를 보호
해 줄 수는 없었다. 구경꾼들은 그에게서 어떤 반응을 끌어내려는
마음에서 동전과 돌을 그의 살에 연신 던져 댔다. 어쩌다 그가 반
발로 화를 내면 그것은 구경꾼들은 부추기는 결과를 가져올 뿐이었
다.

고향의 집과 살육 당한 조상들의 무덤으로부터 수천 마일 멀리
떨어진 이곳에서 그는 자신의 고향 땅을 자유로이 신나게 돌아다니
던 시절을 꿈꾸고 있었다. 자신의 부족사람들과 함께 다시 한 번 사

냥 하기를 간절히 원했다. 아내와 아이들과 함께 살던 가정의 따뜻함에 잠기기를 갈망했다.

그러나 이제는 이 모든 것이 과거의 일일 뿐이었다. 그의 가족과 부족들은 진화라는 명목으로 모두 살해되었고, 자신은 다윈의 농장에 죄수로 우리에 웅크리고 있는 것이다.

"오타"라는 이름의 남자

오타 벵가(Ota Benga)는 1881년 중앙 아프리카에서 태어나 광야의 삶의 방식을 배우며 강하고 민첩하게 자랐다. 한 아내의 남편이며 두 아이의 아버지였던 그가 어느 날 코끼리 사냥을 성공적으로 마치고 부족의 캠프로 돌아왔을 때, 그가 '집'이라고 불리던 것이 사라진 것을 보게 되었다. 벨기에 정부가 자행한 "진화론적 열등 원주민"에 대한 공포의 군사작전에 의해 그의 아내와 자녀들과 친구들이 살해되어, 그 시신들이 무참히 훼손되었다. 오타 역시 나중에 잡혀서 마을로 끌려가 노예로 팔렸다.

1904년 유명한 아프리카 탐험가인 사무엘 베르너(Samuel Verner)가 노예 시장에서 그를 사서 벨기에령 콩고에서 미국으로 데려 왔다. 그는 키가 4피트 11인치였고, 몸무게는 103파운드여서, 종종 '그 남자애'라고 불리었다. 실상 그는 한 부모의 아들이며, 한 아내의 남편이며 아이들의 아버지였다. 오타는 1904년 세인트 루이스 세계 박람회의 인류학 코너에 "야만인의 전형(emblematic savage)"으로 전시되었다. 다른 피그미들(pygmies)과 함께 그는 과학자들의 연구에 사용되었는데, 과학자들은 이 "야만 종족(barbaric races)"이 백인 종족 중 지적 결함이 있는 사람들과 지적인 면에서 어떻게 비교가 되는지, 또 고통 같은 상황에 어떻게 반응하는가를 알고 싶어했다.[2]

《싸이언티픽 아메리칸(Scientific American)》는 1904년 7월 23일자에서 다음과 같이 보도하고 있다

> 그들은 작고, 유인원을 닮은 난장이 같은 동물로서 … 완전히 야만적인 상태에서 살며 유인원과 흡사한 신체 특징을 보이지만, 어느 정도의 지각을 갖고 있어서 다른 니그로들보다 더 똑똑해 보인다. 이들 피그미의 생존은 가장 원초적이다. 그들은 농사도 짓지 않고, 가축도 기르지 않는다. 사냥과 덫을 놓아 먹고 살며, 부족한 것은 몸집이 더 큰 니그로들로부터 훔친 것으로 생계를 꾸린다. 이들은 니그로 족의 주변에 자신들의 작은 집단 거주지를 형성하며 산다. 이들은 물처럼 한 곳에 정착하지 못하며 숲 전체를 광범위하게 돌아다닌다. 자신들보다 더 우월한 종족과의 접촉을 통해 철과 익숙해진 것처럼 보인다.

이런 보도는 피그미가 매우 재능있는 집단이라고 스미소니언 리포트(Smithsonian Report)에 발표한 존스톤(H.H. Johnston)의 1902년 연구를 언급하고 있지 않다. 존스톤이 자연적인 환경에서 피그미들을 연구했을 때, 그들은 모방에 뛰어나며,

2. P.V. Bradford and H. Blume, *Ota Benga; The Pygmy in the Zoo* (New York: St. Martin's Press, 1992), p. 113-114.

신체적으로 아주 민첩하고 빠르며 영민했다. 그들은 아주 뛰어난 사냥꾼으로 고도로 발달된 사회적 기술과 조직을 갖고 있었다. 외부인들은 이들을 미개하다고 보았지만, 실상은 피그미들은 유일신적인 신앙을 갖고 있었다. 최근의 연구도 이런 사실을 확인해 주고 있는데 "이투리 밀림 피그미들(Ituri Forest Pygmies)의 종교는 신이 생동적인 힘을 모두 갖고 있으며 그것을 자신의 피조물들에게 나누어 주어서 그들을 존재하게 하고 그들을 완전하게 한다는 믿음을 갖고 있다. 피그미들이 좋아하는 속담에 따르면 '빛을 만드신 이가 흑암도 만들었다'는 것이다."[3] 베르너가 그 부족의 왕을 방문했을 때, "그는 노래와 선물과 음식, 그리고 야자수 술과 북소리로 환대를 받고 그물에 실려 다녔다."

그러나 다윈주의자들은 이런 사실에 조금도 주의를 기울이지 않았다. 이러한 관찰들은 그들이 이미 생각해 놓은 진화론의 개념, 즉, 피그미들은 열등한 비인간적 존재라는 생각과 맞지 않았다. 피그미들이 세인트 루인스에 왔을 때, 그들은 웃음 소리와 응시와 참견과 찔림을 받아야만 했다. "사람들이 와서 이들의 사진을 찍고 달아났다. 어떤 사람들은 그들과 싸우러 왔다." 베르너는 피그미들을 안전하게 아프리카로 다시 데려다 주기로 계약을 했다. 그런데 이 피그미들이 박람회장에서 갈갈이 찢겨져 나가지 않도록 지켜 내는 것 자체가 투쟁일 때가 많았다. 구경꾼들은 성질이 급하고 추하게 행동했다. 미친 사람들처럼 밀치고 잡아당기고 했다. 그럴 때마다 오타와 바트와(Batwa)족 피그미는 간신히 그 현장에서 구출되곤 했다.[4]

---

3. Jean-Pierre Hallet, *Pygmy Kitabu* (New York: Random House, 1973), p. 14-15
4. 윗참고문헌., p. 118-119.

그 전시는 인류의 진화의 단계를 보여 준다는 점에서 "철저하게 과학적"이라고 일컬어졌다. 따라서 우등한 종족인 백인과 극명하게 구분이 되도록 가장 피부색이 짙은 흑인을 전시할 필요가 있었다. '지금까지 알려진 가장 열등한 문화 사회'의 일원으로서 오타의 존재는 인류의 최고의 걸작품인 백인과 가시적인 대조를 이루어야 했던 것이다.

　　한편, 오타와 같은 피그미들의 전시를 담당했던 인류학자들은 실험과 측정을 통해서 지속적으로 오타를 연구했다. 한번은 "미개 종족의 머리를 몸에서 분리하여 두개골만 남도록 끓여서 졸였다." 두개골의 크기가 지능의 척도라고 믿었기에 그 과학자들은 이 야만족의 두개골이 정치인 다니엘 웹스터(Daniel Webster)의 것보다 더 큰 것을 발견하고는 놀라움을 금치 못했다.[5]

　　박람회가 끝난 후 베르너는 오타와 피그미들을 아프리카로 데려갔다. 오타는 곧 재혼을 했지만, 그의 새 부인이 독사에게 물려 죽었다. 또한 그는 백인들과 어울렸기 때문에 자신의 부족들로부터 추방을 당했다. 그의 고향 땅에서 오타는 자신이 완전히 고립된 것을 알았다. 오타는 베르너와 함께 미국으로 돌아왔고, 베르너는 다음 번에 아프리카로 갈 때 오타를 다시 고향으로 데려다 주겠다고 약속했지만 이 약속은 이루어지지 않았다. 일단 미국에 다시 돌아오자 베르너는 자신의 동물들을 동물원에 팔고, 아프리카에서 바리바리 쌓아 온 아프리카 풍물들을 팔고자 했다. 그는 금전적 어려움 때문에 오타를 돌볼 수 없었다.

　　베르너는 오타를 브롱스 동물원 원장(Bronx Zoological Gardens)인 홀나디(Hornady) 박사에게 보여 주자, 이제 오타가

---

5. 윗참고문헌., p. 16.

다시 전시될 것이라는 것이 분명해졌다. 그러나 이번에는 그 전시라는 것이 더욱 악한 모습으로 드러나게 되었다. 1906년 9월 9일, 《뉴욕 타임즈(*New York Times*)》의 머릿기사는 "부쉬맨이 브롱스 동물원의 유인원과 같은 우리에 넣어졌다"라고 보도했다. 홀나디 박사는 자신은 관객들에게 좀 더 흥미를 끄는 전시를 하려고 했을 뿐이라고 주장했지만, 《타임즈(*Times*)》지의 보도에 따르면 "홀나디 박사는 이 작은 흑인이 야수와 다르다는 것을 분명히 알지 못했다. 그리하여 미국 동물원 사상 처음으로 인간이 우리에 전시되게 된 것이다"

9월 10일자 《타임즈》지는 이렇게 보도하고 있다:

> 그 우리 앞에는 항상 구경꾼들이 몰려 있었고 그들은 큰 소리로 웃어댔다. 이 동물원 어디를 가나 "그 피그미가 어디에 있지?"라는 소리가 들리는 것 같았고 그 대답은, "저 원숭이 집에 있어"라는 것이었다.

『오타 벵가: 동물원의 피그미(Ota Benga; The Pygmy in the Zoo)』를 저술하기 위해 오타의 일생을 깊이 연구한 브래드포드(Bradford)와 블룸(Blume)은 이렇게 말하고 있다.

> 이 전시회가 시사하는 바는 방문자들의 질문에서 분명했다. "저 남자가 인간인가, 원숭인가? 아니면 그 중간인가?", "저것이 사람인가? (Ist das ein Mensche?)"라고 독일 관중이 물었다. "이게 사람인가?" 유인원이나 앵무새를 인간으로 오해하는 사람은 아

무도 없다. 그런데 "이것"은 인간에 너무도 근사했던 것
이다. 이것이 인간이었나? 이것이 원숭이었나? 이것이
바로 진화의 잊혀진 한 단계인가?

홀나디 박사는 다윈 이론의 충직한 신봉자였다. 1906년 9월
11일 《뉴욕 타임즈》는 "이 아프리카 원주민과 원숭이 사이에는 밀
접한 연관성이 존재하며" 또한 "인종 사이에 계층이 존재한다"는 홀
나디 박사의 주장을 보도하고 있다.
　　이 전시는 놀라울 정도의 성공을 거두었다. 9월 16일 4만 명
의 관중이 동물원을 찾았다. 관중들의 수가 너무나 많아서 경찰들
은 하루 종일 오타를 경호하게 되었다. 왜냐하면 관중들이 오타를
잡아 보고, 당겨 보고, 찔러 보고, 이리저리 끌어당기는 위험에 항
상 처해 있었기 때문이다.[6]
　　그러나 모두가 이와 같은 광란을 묵과하지는 않았다. 몇몇의
흑인 목사들은 오타의 보호를 위해서 나섰다. 9월 10일 《타임즈》
지에는 고던(Gordon) 목사가 "우리들 중의 한 명을 원숭이와 함
께 전시하는 일을 하지 않더라도 우리는 이미 충분히 억압을 받고
있다."라고 인터뷰한 기사가 실렸다. 9월 12일에 《타임즈》지에는
'이 흑인 목사 형제는 현재 모든 학교에서 진화에 대해서 배우고 있
으며, 이것은 구구단만큼이나 논쟁할 여지가 없는 것이라는 사실을
알아야 한다."라는 기사가 실렸다.
　　언론이 호들갑스럽게 다루는 바람에 오타는 철창에서 풀려나
게 되었지만, 관람은 계속되었다. 《타임즈》지는 9월 18일자에서

6. Bradford and Blume, *Ota Benga; The Pygmy in the Zoo*, p. 185-
187.

"일요일에 공원에는 4만 명의 관람객이 다녀갔다. 대부분의 사람들은 이 동물원의 최대 구경거리인 아프리카에서 온 야만인을 보려 원숭이 우리로 몰려 들었다. 관중들은 하루 종일 그를 쫓아 다니면서 동물소리를 내거나, 야유하거나 환호성을 질러댔다. 관중들 중 일부는 그의 옆구리를 찌르기도 하고 넘어뜨리기도 하면서 그를 보고 웃었다.

언론의 압력에 의해서거나 혹은 이 전시로 인한 탈진 때문인지는 모르나 종국에는 흘나디 자신도 지치게 되었고, 오타도 동물원에서 풀려나게 되었다. 그 후 몇 달 동안 그는 사회 단체나 그를 동정하는 사람들에 의해서 돌봄을 받는다. 1910년 버지니아 주의 린츠버그(Lynchburg)에 있는 흑인 공동체로 와서 사람들과 교제하게 되고 보살핌을 받게 된다. 그곳에서 그는 세례교인이 되었으며 영어 단어를 빠른 속도로 배워가게 된다. 그는 아이들을 보호하거나 사냥하는 기술을 가르치면서 정기적으로 아이들을 돌보곤 하였다. 또한 그는 글을 읽는 법을 배웠으며 때때로 린츠버그의 신학교에서 수업을 듣곤 했다. 그 후 그는 담배 공장에 노동자로 취업하게 된다.

하지만 오타는 점점 더 우울해지고, 공격적이 되었으며, 비이성적으로 행동하고, 외톨이가 되었다. 사람들이 오타와 이야기할 때면 그가 집에 가고 싶다고 말하면서 그 눈에 눈물이 고인 것을 보곤 했다. 1916년 3월 20일 오타는 자신의 고향으로 돌아갈 수 없다고 결론을 내리고는 심장에 총을 쏴서 자살하였다.

인종차별주의의 씨앗

　　다윈의 진화론은 수백만 년을 거치면서 세포로부터 사람이 진화했으며 그 중간 단계의 하나가 유인원이라고 주장한다. *이 이론에 따르면 논리적으로 어떤 인종들은 사람보다는 유인원에 더 가깝다는 말이 된다.* 진화론이 인기를 얻게 되어 널리 퍼지자 다윈주의자들은 인간의 진화 단계를 나타내는 진화도를 만들고자 했는데, 그 진화도에는 어떤 인종은 보다 유인원에 가깝게, 반대로 또 다른 인종은 더 진화된 단계에 속하게 하였다. 이 진화도는 단지 외모만을 기반으로 만들어졌는데, 오늘날까지도 인종차별주의를 정당화하는데 사용되고 있다. 하지만 현대 유전학은 우리 인간들 간에 차이는 거의 없으며, 있다 하더라도 단지 피부색에 불과하다는 사실을 증명하였다.

　　그의 저서 『인류의 기원(*The Descent of Man*)』의 마지막 페이지에서 다윈은 자신의 진화의 조상이 '야만인'이기보다는 차라리 원숭이였으면 좋겠다고 표명하였다. 다윈은 피부색이 짙은 사람들에 대하여 말할 때, "야만인(savage)", "하등의(low)" 또는 "질이 떨어지는(degraded)"이라는 등의 말을 사용하여 미국 인디언들이나 피그미들, 그리고 그와는 문화적으로나 생김새가 다른 모든 종족을 묘사하였다. 그의 연구에서 피그미들은 "하등 생명체(lower organisms)"와 비교되었으며 "안다만 섬의 하등 거주자들(the low integrated inhabitants of the Andaman Islands)"이라고 불리웠다.[7]

　　비록 인종차별주의가 다윈의 이론에서 출발하지는 않았지만

---

7. Hallet, *Pygmy Kitabu*, p. 292, 358-359.

인종차별주의가 인기를 얻도록 하는데 다윈은 그 누구보다도 기여한 인물이다. 다윈이 모든 인간이 유인원으로부터 진화하였다고 "증명한" 후에 몇몇 인종은 당연하게 다른 인종에 비해서 더 많이 진화하였다는 결론이 나오게 되었다. 그의 견해에 의하면 몇몇 인종(이른바 백인)들은 다른 인종들보다 훨씬 더 많이 진화했으며, 다른 인종들(특히 피그미족들)은 진화가 되지 않은 것이다. 다윈의 1859년 저서인 『종의 기원』의 부제는 '생존 투쟁에서의 우등한 종족의 보존"이었다. 이 책이 일반적인 경우의 동물에게 일어나는 진화를 다루고 있다면, 후속작인 『인류의 기원』은 그의 이론을 인간에게 접목시킨 내용을 다루고 있다.

1900년대 다윈주의의 씨앗이 계속해서 퍼져 나감에 따라서 "누가 인간이고 무엇은 인간이 아닌가?"라는 질문이 나타나게 되었다. 그것에 대한 대답들은 그 당시의 다윈주의적 해석의 영향을 받게 되었다.[8] 당시에 널리 지지되고 있던 견해는 흑인들은 힘은 세지만 가장 지능이 낮은 고릴라로부터 진화를 했으며, 동양인들은 오랑우탕에서 진화를 했고, 백인들은 영장류 중에서 가장 지능이 뛰어난 침판지로부터 진화를 했다는 것이었다.[9] 그와 같은 결론은 지구촌 곳곳에서 인종차별과 탄압, 그리고 종족학살을 정당화 하는 데 사용되었다.

이로부터 수십 년이 지나지 않아 진화론은 유럽의 백인들이 백인들에게 행한 행위를 정당화하는 데 사용되었다. 나치의 민족 우월주의 사상을 만들어 내고, 나치 정부의 정책을 개발하는데 사용되기까지 다윈의 진화론의 열매는 여러 기록을 통하여 확인할 수 있

---

8. Bradford and Blume, *Ota Benga; The Pygmy in the Zoo*, p. 304.
9. T.G. Crookshank, *The Mongol in Our Midst* (New York; E.F. Dutton, 1924).

다. 1992년 6월과 1993년 3월에 걸친 J. 버그만(Bergman)이 연구한 "과학과 기독교 신앙의 전망"은 진화론적 사고 방식이 히틀러의 양민 학살이라는 종족 말살과 관련이 있다는 것을 보여 준 수많은 자료의 일부일 뿐이다.

짐 플래처(Jim Fletcher)는 워싱턴 D.C.에 위치한 유태인 대학살 박물관(Holocaust Museum)을 방문하여 관람한 대학살에 대한 생생한 느낌을 다음과 같이 회고하였다.

이 철도 차량이 무엇을 의미하는지 당신이 깨닫는다면, 당신도 이 열차에 강제로 태워지는 경험을 하게 됩니다. 비록 이 차량이 기념하고 있는 그 사람들이 수십 년 전에 강제로 태워졌던 그런 방식으로는 아니라고 할지라도 말입니다. 이 야릇한 냄새, 많은 방문객들이 죽음의 냄새라고 부르는, 이 냄새는 지워질 수가 없답니다. 아니, 지워져서는 안 되지요. 왜냐하면 이 냄새는 직관적으로 우리의 감각을 통해 인간이 하나님을 떠날 때 어떤 일이 생기는지를 생각나게 하기 때문입니다. 아돌프 히틀러가 "유대인 문제" (실상은 유대인의 존재 그 자체)에 대한 최종적인 해결책을 찾고 있을 때, 그는 어니스트 헥켈(Ernest Haeckel)과 같은 과학자나 자유 신학자들이 받아들인 가설을 떠올리기만 하면 되었다: 그것은 진화라고 알려진, 목적 없는 과정이 인류 문명을 포함한 모든 생명체의 복잡성을 만들어 냈다는 것이다. 이 진화는 강자가 약자를 제거하는 잔혹한 과정에 의해 이루어졌다고 한다. 이 생각의 영향력이 퍼져감에 따라 성

경은 점차 신화로만 가르쳐지게 되었다.[10]

　유럽 땅에서 지속된 인종차별주의는 같은 지역에 살고 있
는 서로 다른 "인종"간에 쓰라린 투쟁과 세상에 알려지지 않은
유혈사태를 초래했다. 세르비아인(Serbs)과 크로아티아인들
(Croats) 사이에 벌어진 최근의 인종 갈등과 체코 공화국(Czech
Republic)과 슬로바키아(Slovakia)로 나누어진 체코슬로바키아
(Czechoslovakia) 사태 등은 단지 소수의 예에 지나지 않는다.

　다윈주의가 인종차별에 미친 영향은 유럽에 국한되지 않았
다. 다윈의 농장에서 난 열매는 나의 조국인 호주(Australia)에
서도 수확되었고, 사실상 지금도 수확되고 있는 중이다. 호주에
서는 초기 진화론과 인종차별주의적 사고에 따라 "잃어버린 고리
(missing link)" 표본들에 대한 소름끼치는 거래가 이루어졌다.
문서 증거 자료에 따르면 만 명, 혹은 그 이상의 호주 원주민들의
유해가 영국의 박물관으로 운송되었는데, 이 원주민들이 진화 단계
에서 볼 때 "잃어버린 고리"라는 보편화된 믿음을 증명하기 위한 시
도에서였다. 미국의 진화론자들도 나날이 번창하는 "인간 이하의
존재들(sub-humans)"을 모으는 사업에 깊게 관여하고 있었다.
(워싱턴의 스미소니안 박물관은 15,000구가 넘는 유해를 보관하
고 있다.) 전 세계 박물관의 박물관장들과 함께 영국 과학계의 거물
들의 이름도 이 대규모 무덤 도굴에 관여되어 있었다. 이들 중에는
해부학자였던 리차드 코헨(Richard Cohen) 경과 인류학자였던
아서 키스(Arthur Keith), 그리고 찰스 다윈 자신도 포함되어 있

---

10. From the foreword to *One Blood*, by Ken Ham (Green Forest,
AR: Master Books).

었다. 다윈이 쓴 편지는, 태스매니아(Tasmanian) 섬에 원주민이 모두 죽고 4명만 남아 있는 상황에서도, 그들의 감정을 "거스르지" 않는다면 태스매니아인의 두개골을 보내 줄 것을 요청하고 있다.

어떤 박물관은 뼈뿐만 아니라 생 살에도 관심을 보였다. 이 생 살들을 진화에 대한 흥미로운 전시를 제공하는데 사용되기 위하여 박제되었다.[11] 이런 "표본(specimens)"들은 높은 가격에 거래되었다. 기록에 의하면 많은 수의 "생살(fresh)" 표본들은 그냥 밖에 나가서 호주 원주민을 살해하여 얻은 것들이었다. 호주의 퀸스랜드 (Queensland)에 있는 보웬(Bowen) 시의 시장이었던 코라 윌스 (Korah Wills)가 1866년 임종 시에 쓴 회고록에 따르면 과학 표본을 제공하기 위해 그가 1865년에 어떻게 원주민을 죽이고, 시신을 해체했는지를 눈에 보이듯이 상세하게 기록하고 있다.

1874년부터 20년 동안 시드니(Sydney)의 호주 박물관 (Australian Museum)의 박물관장으로 일한 에드워드 램지 (Edward Ramsay)는 이와 같은 일에 상당히 깊이 관여하고 있었다. 그는 무덤을 파헤치는 방법에 대한 것뿐만 아니라 방금 막 살해한 "표본(specimens)"에 있는 총알 자국을 메우는 방법을 소개하는 소책자를 제작하였다. 많은 프리랜서 수집가들은 그의 안내에 따라 일을 하였다. 예를 들어 램지가 번지 흑인(Bungee Blacks)의 두개골을 요구한지 4주쯤 뒤에 젊은 과학자 한 사람이 "그들 부족의 마지막 구성원이 총에 맞았습니다."라고 말하며 두 개의 두개골을 그에게 보내 주었다.[12]

다윈의 농장에서 온 씨앗들은 아시아에까지 퍼져 나갔으며,

11. David Monoghan, "The Body-Snatchers," *The Bulletin*, November 12, 1991.
12. 윗참고문헌., p. 33.

그곳에서도 진화론적인 사고는 인종차별주의와 종족말살을 정당화하는데 사용되었다. 일본의 팽창주의적 공격성을 정당화하기 위해서 일본인들은 그들이 지구상에서 "가장 진화된(highly evolved)" 인종이라는 주장을 펼쳤다. 팔도 더 길고, 가슴이 털로 뒤덮인 유럽 사람들이야말로 분명히 원숭이에 더 가까운 인종이 아니겠는가? 이에 대한 응수로 서양사람들은 대량 살상 무기로 일본인들을 죽이기 위해 그들을 미개한 야만인으로 묘사하고 있다.

북미 대륙에서 다윈주의는 식민 노예 제도와 "명백한 운명(manifest destiny)"이라는 이름 하에 서부 확장을 진행하던 유럽인들에게 걸림돌이 되었던 "원시 원주민 부족(savage native tribes)"을 제거하는 것을 정당화하는데 사용되었다. 여러 대륙에 있는 사람들은 그들 "인종"이 가장 먼저 발생하였다는 것을 "증명"하고 싶어했다. 그 결과 독일인들은 네안다르탈인(Neanderthal)의 화석을 증거로 요란스럽게 떠벌렸으며 영국인들은 필트다운인(Piltdown Man)의 유골을 갖고 비슷한 행태를 보이는 등등의 일이 그것이다. 최근에는 KKK(Ku Klux Klan) 단체의 구성원들이 자신들이 진화론적으로 우월하다는 주장을 근거로 인종차별주의를 정당화시켰다. 또한 최근의 기독교 정체성 회복운동 단체(Christian Identity Movement)에서는 유대인과 흑인들은 인간이 아니라는 신념을 갖고 있다.

오늘날 다윈주의와 진화론적 사고는 평범하고 존경 받을만한 지식인들, 이런 사고 방식이 아니었다면 생명을 살리는 일에 헌신했을 사람들이 수백만 명의 태어나지 않은 생명을 죽이는 일에 관여하는 것을 정당하게 만들어 준다. 초기 다윈주의자들이 원주민들을 그렇게 생각했던 것처럼 태아는 "아직 완전한 인간"으로 볼 수 없기 때문이라는 논리이다.

우리는 어떻게 이곳에 있게 되었는가?

6000년 전, 하나님께서 완벽한 세상을 창조하시고 자신의 형상을 따라 최초의 인간 두 명을 지으셨다. 인간은 하나님의 다스림을 받고 살며, 그가 지으신 모든 만물을 돌보라고 창조되었다. 노아의 홍수 이후에 하나님께서는 노아와 그의 세 아들들에게 이 계획을 재차 말씀하셨다.

하나님의 말씀에 따르면 지구에 있는 모든 인간들은 노아의 세 아들들로부터 태어났으며, 그 아들들은 최초의 인류인 아담의 자손이다. 그러므로 우리들은 모두 동일한 혈통을 가지고 있다. 우리들은 모두 한 형제 자매이며 한 집안의 사촌들이다.

* 우리 모두는 하나님께 지으심을 받았다. 여호와 하나님이 땅의 흙으로 사람을" (창 2:7)
* 우리 모두는 하나님의 형상대로이다. 하나님이 이르시되 우리의 형상을 따라 우리의 모양대로 우리가 사람을 만들고" (창 1:26)

* 우리 모두는 한 가족이다. "인류의 모든 족속을 한 혈통으로
  만드사" (행 17:26)
* 우리 모두는 하나님께 사랑받
  는 자이다. "하나님이 세상
  을 이처럼 사랑하사 독생자
  를 주셨으니" (요 3:16)

다윈의 진화론이 종족 말살과 인종차별주의를 정당화하는데
사용된 반면, 하나님의 말씀은 다른 사람을 학대하는 것을 분명하
게 금지하고 있다. 하나님께서 노아와 그의 세 아들들에게 말씀하
시길 "그러나 고기를 그 생명 되는 피째 먹지 말 것이니라. … 사람
의 형제면 그에게서 그의 생명을 찾으리라. 다른 사람의 피를 흘리
면 그 사람의 피도 흘릴 것이니 이는 하나님이 자기 형상대로 사람
을 지으셨음이니라." (창 9:4-6)

하나님의 말씀은 여러 종류
의 학대를 금지하고 있다. 태아
에 대한 학대, 어린이에 대한 학
대, 노인들과 병자들 그리고 가
난한 자에 대한 학대가 그것이
다. 하나님의 말씀에 기반을 둔
원칙에 따르면 언어나 문화, 성
별 그리고 피부색에 근거한 차별
은 금지된다.

하나님의 말씀에 따르면 대
홍수 이후 태어난 모든 사람들은

MIXED DOUBLES

Two-tone twins

노아와 세 아들들로부터 유래했다. "노아의 이 세 아들로부터 사람들이 온 땅에 퍼지니라"(창 9:19) 바벨에서 인간은 하나님을 거역하고 하나님의 말씀을 따르기를 거부했다. 그들은 스스로 절대적인 권위에 오르려 했으며 모든 세대에 걸쳐 모든 사람들이 반복한 악습의 역사를 시작하였다. 그 이후에 생긴 바벨탑 사건으로 인간의 유전자 집합이 나뉘어지는 계기가 된다. 서로 다른 집단의 유전자의 서로 다른 조합으로 인하여 어떤 사람들은 하얀 피부를, 또 어떤 사람들은 검은 피부를, 다른 사람들은 그 중간의 온갖 다양한 피부색을 갖게 되었다.

최근의 유전학적 지식으로 보았을 때 우리는 이러한 생물학적인 차이가 피상적이며 실제로 의미가 없다는 것을 알 수 있다. 우리의 외관상 차이점은 하나님께서 인간을 창조하실 때 인간의 유전자 전체에 넣어 주신 신체적 특징의 서로 다른 결합의 결과에 불과할 뿐이다. 그 유전적인 차이가 미미했기 때문에, 서로 다른 인간 집단의 등장은 아주 근래의 일로서 바벨탑 사건 이후 인류가 지구상의 서로 다른 환경으로 퍼지게 되면서 소수의 인구에서 빠르게 나타난 것이다.

이 인류 역사의 결정적 순간에 있었던 인간의 불순종은 개개의 인간 집단들이 영원히 서로에게 대립하도록 만들었다. 이 이후로 인종간의 미움과 다툼, 그리고 "인종차별"이 당연한 것처럼 되었다. 사람 사이의 반목, 국가 간의 대립, 호주 원주민 학살, 아프리카 피그미에 대한 조롱, 미국의 노예제도, 유대인 학살 등 열거하자면 끝이 없는 일들이 일어났으며, 사람들이 이와 같은 악행을 정당화 할 수 있는 유일한 방법은 역사와 과학, 그리고 성경 말씀을 왜곡하는 것이었다.

인간이 다른 인간을 학대하는 행위는 끝이 없었다. 백여 년 전 쯤 호주의 원주민들은 새벽 시간을 골라서 "죽음의 신발(death shoes)"을 신고 소리없이 상대에게 다가가서 상대를 죽이곤 했다. 이 암살자들은 때로는 공식적으로 부족에 의해서 임무를 부여 받기도 하고, 어떤 때는 개인적인 복수를 위해서 사람을 살해하였다. 그들이 신었던 죽음의 신발은 에뮤(emu)의 털로 만들었는데, 이것을 신으면 흔적이 남지 않았다. 그런데 이 신발의 윗부분은 사람의 머리카락으로 만들어졌다.

19세기 중반, 성경과 과학에 대한 다양한 왜곡이 노예제도를 정당화하는데 이용되었다. 어떤 사람들은 모든 인류가 아담과 이브로부터 내려 왔다는 성경적 진리를 부정하였고, 다른 이들은 검은 피부가 노아의 아들인 햄에게 내린 저주라는 거짓 주장을 하려고 성경의 내용을 왜곡하였다.

아마도 인종차별을 정당화시키는데 진화를 사용한 가장 악명 높은 경우는 아돌프 히틀러의 나치즘일 것이다. 나치는 특급 인종이라는 생각을 바탕으로 열등한 인종을 말살하려 했다. 역사학자인 아서 키스는 다윈의 농장에서 거두어 드린 이 특별히 음흉한 수확에 대해 그의 저서 『진화와 윤리(*Evolution and Ethics*)』에서 다음과 같이 진술하고 있다.

> 진화론적 도구와 종족적 도덕개념이 한 위대한 근대 국가사에 철저하게 적용된 예를 보려면, 우리는 1942년의 독일을 살펴 보아야 한다. 히틀러는 진화론이야말로 국가의 정책을 세우는데 진정한 기초를 제공하는 유일한 이론이라고 거의 종교적으로 확신하고 있음을 알게 된다. 내가 계속 주장하였듯이 이 독일의 독재자는 진화론자였다. 그는 독일의 행위가 진화론과 맞도록 의식적으로 노력하였다.[13]

소련과 중국, 독일 등에서 정부 정책으로 이루어졌던 종족 말살은 2차 세계 대전 종전 이후 비난을 받아 왔다. 전 세계는 유태인 대학살이라는 렌즈를 통하여 진화론이 "인종차별주의"에 미친 영향을 보았지만, 인간의 지혜와 노력들은 그것을 줄일 수 있었는가?

"인종차별주의"라는 말은 "인종"이라는 개념에 뿌리를 두고 있는데, 이 "인종"이라는 개념은 이 세상에는, 아시아, 유럽, 중동, 남미 등등에는 서로 다른 인종집단이 존재한다는 것을 의미한다. 하지만 인간의 종류라는 개념은 성경에서는 찾을 수 없다는 것을 알

---

13. Arthur Keith, *Evolution and Ethics* (New York: G.P. Putnam's Sons, 1947), p. 28-30, 230.

아우슈비츠의 집단 수용소. 이곳에서 2차 대전 중 100만이 넘는 사람들이 죽었는데 그 중의 대부분이 유대인이었다.

고 있는가? 즉, 인종 차별주의라는 철학은 하나님의 말씀과는 동떨어진 것이고, 인간으로부터 생겨난 것이다.

19세기 중반 영국에서는 "인종차별주의"라거나 민족우월주의라는 것이 매우 유행했다. 이 유행은 허버트 스펜서(Herbert Spencer)나 다윈, 토마스 헉슬리(Thomas Huxley) 같은 사람들이 자행한 성경에 대한 가장 노골적인 공격과도 일치하는 것이었다. 그들은 구약성경을 신화로 해석하려 했으며, 그 시작점을 당연히 창세기에 나오는 창조에 관한 설명에서 찾았다.

그들의 견해는 불행하고도 끔찍하게 그 다음 세대의 후손들에게 영향을 주게 되어 20세기를 인류 역사상 가장 피로 얼룩진 시대로 만들었다. 스탈린(Stalin), 히틀러, 그리고 모택동은 수 천만 명을 죽였는데, 그들이 갖고 있던 종족 우월성이라는 불길에 부채질을 한 것이 바로 다윈식 자연주의의 영향이었다. 인간의 이성을 따르면 모든 사람은 자신의 눈에 옳게 보이는 것을 정하는 법이다. "사람이 각기 자기의 소견에 옳은 대로 행하였더라."(삿 21:25)

사람들이 하나님의 말씀이 갖는 권위를 버리면 세상의 정의와 도덕의 근원이 무너져버린다. 하나님의 진리가 거부될 때 인간의 이성이 온갖 종류의 악을 정당화하는 데 사용된다.

* 인종차별주의
* 안락사
* 낙태

우리의 형제들을 존경하기보다는 그들을 차별한다.
우리의 형제들을 지켜주기보다는 그들을 증오한다.

남북전쟁 이전에는 남부의 모든 노동력은 거의 노예들로 구성되었었다.

백인우월주의 단체인 Ku Klux Klan이 거리를 행진하고 있다.

우리의 이웃들을 포용하기보다는 그들을 경멸한다.

도움이 필요한 사람들을 보호하기보다는 우리를 먼저 생각한다.

옳고 그름에 대한 절대적인 권위가 없이, 각 세대의 사람들은 학대를 정당화하는 수많은 핑계를 만들어 냈다. 이점에서 현대인들도 별로 다를 바가 없다. 그들은 과학을 남용하여 온갖 종류의 악을 정당화하였다. 진화론에 따르면 사람은 별로 특별한 존재가 아니다.

* 우리에게는 창조자가 없으며, 누구에게도 해명할 필요가 없다.

* 사람과의 동물인 원인(hominid)은 수백만 년에 걸쳐 진화되어 여러 종류로 갈라졌다.
* 죽음은 인생의 순환 구조에서 당연히 오는 단계이다.
* 우리는 동물일 뿐이며, 적자만이 생존하게 된다.

대표적인 진화론 신봉자였던 스티븐 J. 굴드(Stephen Jay Gould)조차 19세기 사람들이 그들의 선입견을 지지하기 위해서 과학을 어떻게 남용하였는지를 이렇게 설명하고 있다:

> 인종차별주의를 지지하는 생물학적 주장들이 1859년 이전에도 흔하긴 했지만, 진화론을 수용하게 된 이후로는 수십 배의 강도로 증가되었다.[14]

다윈의 농장-광범위하게 퍼져 있는 강력한 인종차별주의의 근원-은 우리의 문화와 세계 속으로 꾸준하게 퍼져 가고 있다. 이것은 우리의 지난 과거가 아닌 지금의 세대에서도 지속적으로 이루어지고 있다. 어떤 곳에서는 진보가 이루어지기도 했다. 우리 사회의 일각에서는 인종차별주의가 거부되고 있으며, 남자와 여자가 서로 형제 자매로 함께 어우러져 살아가고 있다. 하지만 세상의 다른 곳에서는 인종이나 민족에 대한 증오가 천문학적인 비율로 나타나고 있다. 저녁 뉴스에는 항상 사람이 다른 사람을 피부색이나 생김새가 다르기 때문에 서로 미워한다는 이야기로 가득하다.

이 일이 어디에서 끝날 것인가?

---

14. Stephen Jay Gould, *Ontogeny and Phylogeny* (Cambridge, MA: Belknap Press of Harvard University Press, 1977).

분명한 것은 예수 그리스도께서 재림하실 그 날, 진리와 질서가 회복되는 그 날에는 이것이 끝날 것이다. 그러나 그때까지 우리는 어떻게 할 것인가? 우리가 어떻게 살고, 생각하고, 이 지구상의 동료 인간에 대해 어떻게 반응할 것인가? 도대체 우리에게 희망이 있기는 있는 것인가? 나는 감히 그렇다고 믿는다.

　이 책을 통하여 인종차별주의의 역사를 살펴보면, 우리는 성경적 원리와 과학적 사실이라는 두 개의 해결책이 다윈의 농장을 뿌리 뽑고 우리의 마음과 교회에, 그리고 이 세상에 새로운 씨를 뿌리는 필수적이고도 강력한 도구라는 것을 알게 될 것이다.

제2장
머나먼 다리

찰스 웨어

인종차별주의의 추악함과 진화론의 영향을 살펴보면
인종차별주의 문제에 대한 해결책을 찾을 수 있다.
즉 성경적 원리와 과학적 사실이 그것이다.
－지그 지글러(Zig Ziglar)

미국이라는 국가는 세워진 순간부터 지금까지 인종차별주의라
는 병폐에 감염되어 왔다. 이 장에서는 미국 땅에서의 편견, 증오,
그리고 불신에 대한 짧은 여행을 떠나 보도록 하겠다. 짧은 시간이
라 미국 내 모든 지역을 다 다니지는 못하겠지만, 둘러보는 동안 우
리는 다윈의 농장에서 거둔 수확들을 충분히 보게 될 것이다.

인종차별주의는 다양한 형태의 불신과 증오가 서로 순환하며
주기를 이루어 생겨난 결과라는 것을 기억해 주길 바란다. 다윈의
진화론적 사고의 효과가 과소 평가되어서는 안 되지만, 진화론이
우리가 현재 겪고 있는 인종차별주의의 유일한 원인은 아니다. 다
윈이 있기 훨씬 전인 1838년에 인디언 이주법(Indian Removal
Act)의 일환으로 체로키 부족(Cherokee Nation)이 800마일
에 달하는 이주를 하도록 강요된 '눈물의 길(the Trail of Tears)'

과 같은 사건이 있었다. 이 이주 과정에서 체로키 부족 총인구인 15,000명 중 4,000명의 남자, 여자, 아이들이 굶주림과 질병, 탈진, 저 체온증으로 죽고 말았다.

인종차별주의의 중심에는 타락한 세상에서 살고 있는 인간의 사악한 마음이 있다. 인종 문제는 이 세상의 어떤 치료제로도 치유할 수 없다. 어떠한 연설을 듣던, 어떤 법안이 통과되건, 어떤 공공 캠페인을 벌이건 소용이 없다. 오직 우리 안에 살아 계시는 성령님의 능력과 하나님의 말씀을 통해서만 우리는 인종차별주의라는 죄악에서 승리할 수 있다.

세속적인 세상에서 인종차별주의가 그 추잡한 얼굴을 들고 다닌다고 놀라서는 안 된다. 연방 정부 정책과 지역 사회운동이 지금까지 인종차별주의를 완전히 없애지 못한 것도 놀랄 일이 아니다. 우리는 적절한 때가 되면 인종차별주의를 없앨 수 있는 사회적 조처와 정치적 활동에 주의를 기울일 수 있게 될 것이다.

그 유래가 다윈주의에서 비롯되었건 아니면 다른 데에서 왔건 간에, 성경을 잘못 해석하고 적용하여서 성경적 일치가 아닌 문화적 분열이 생길 때, 미국 교회 내에서의 인종차별주의는 확산된다. 이것을 불식하기 위해 많은 일을 할 수 있다. 하나님의 말씀은 "살아 있고 활력이 있어 좌우에 날 선 어떤 검보다도 예리하다"(히 4:12). 이 진리의 말씀이 올바로 해석되고 열심으로 적용된다면 인종차별주의자와 진화론적인 사고의 어둠에 대항하는 싸움에 밝은 희망과 낙관주의가 있을 것이다.

역사와 희망

지난 30년 동안 나는 특별히 교회 속에서 다양한 민족과 문화 집단간의 화합을 증진시키기 위해 열심히 일해 왔다. 나는 아프리카계 미국인이고 나의 아내는 백인이며 4명의 친자식과 2명의 입양아를 키우고 있다. 25살인 아들은 1998년 2월부터 사지가 마비되었다. 나는 성경대학 학장이며 교회의 담임목사로 있는데, 내가 섬기는 이 두 곳 모두 인종적으로, 문화적으로 다양한 구성원을 갖고 있다. 나는 하루 24시간을 다양한 환경 속에서 살고 있으며 그런 생활을 사랑한다.

이 책의 공동 저자인 켄과 나는 신실하고 정확한 성경 지식에 근거하여 우리의 견해를 설명하고자 노력할 것이다.

* 첫째, 성경은 성령의 감동을 받은, 오류가 없는 하나님의 말씀이다.
* 둘째, 성경은 문자 그대로, 문법적으로, 그리고 역사적 관점에서 해석되어야 한다.
* 셋째, 성경은 잘못 해석될 수 있다. 또한 과거에도 이미 잘못 해석되어져서, 그로 인해 역사적으로 특정 사람들이 불평등과 억압 속에서 살게 되었다.

역사적으로 많은 사람들이 성경을 아프리카계 미국인들의 노예화를 정당화하는데 사용하여 왔다는 것이 바로 우리 앞에 놓인 도전이다! 미국이 처음 세워질 때부터 사람들의 논지는 대충 이러하였다:

* "믿음의 조상"인 아브라함과 모든 족장들은 하나님의 반대 없이 종을 거느렸다(창 21:9-10).
* 함의 아들인 가나안은 형제들의 노예가 되었다(창 9:24-27).
* 십계명에 노예가 두 번이나 언급되는 것은 노예에 대한 하나님의 묵시적인 승낙을 보여 주는 것이다(출 20:10,17).
* 로마가 통치하던 때에 노예 제도가 보편화 되어 있었는데도, 예수님께서는 이에 대해 반대하는 말씀을 하지 않으셨다.
* 사도 바울은 노예들에게 그들의 주인에게 복종하라고 명령하였다(엡 6:5-8).
* 바울은 도망친 노예 빌레몬을 그의 주인에게 돌려보냈다(몬 12절).

이러한 생각은 "백인우월주의(white superiority)"와 소위 "인종 분리(segregation of races)"의 기초가 되었다. 성경이 노예 제도를 인정하고, 이를 규제하긴 했지만, "인종"에 근거한 노예 제도와 성경적 가르침 사이에는 현저한 차이가 있었다. 구약이나 신약 성경 어디에도 노예에게 인종이라는 낙인을 찍지는 않는다. 예를 들어, 애굽에서 이스라엘 자손이 노예가 된 것은 피부색 때문이 아니라 인구 수 때문이었다. 성경 속의 노예제도는 미국의 노예 제도와 매우 달랐다. 하지만 노예 소유자들은 다음의 세 가지 이유를 들어 노예제도가 정당하다고 주장하였다:

1. 아프리카인들은 분명하게 다른 인종이어서 백인과 어울릴 수 없으며 분리된 종으로 존재해야 한다.

2. 아프리카인들은, 종으로서, 지적으로, 도덕적으로 백인들
   보다 열등하므로 스스로를 관리할 능력이 없다.
3. 고대 히브리인들이 이교도를 정복한 것처럼 열등한 사람들
   을 노예로 만드는 것은 정당하다.

기독교 사회에서 노예제에 관한 논쟁은 교파 내의 분열을 야기
했다. 근본주의나 복음주의적인 교파들은 인종에 근거한 노예제도
의 지지자로, 좀 더 진보적인 교파들은 노예폐지론자로 나뉘게 되
었다.[15] 예를 들어, 1845년에 침례교는 노예제도를 지지하는 남 침
례교파와 노예제도 폐지를 주장하는 미국침례교파로 나뉘었다.[16]

인종적 노예제도는 교파분열뿐만 아니라 교회 내에서 흑인과
백인의 관계를 균열시켰다. 이러한 갈등이 고조에 이른 어느 주일
날 백인들이 있는 곳에서는 흑인들이 기도를 하지 못하게 하는 사건
이 발생하게 되었다. 이 사건으로 인해 역사적인 베델흑인감리교회
(Bethel African Methodist Episcopal Church)가 생기게 되
었다. 이 사건에 대해 교회 역사는 다음과 같이 기록하고 있다:

성 조지 감리교회(Methodist Episcopal
Church: 감리성공회) 직원들이 무릎을 꿇고 기도하
던 흑인 성도들을 끌어내자, 자유흑인협회(FAS: Free
African Society) 회원들은 미국 감리교의 심각한 인
종 차별을 확인할 수 있었다. 그래서 이들은 자신들의 상
조회였던 FAS를 아프리카계 미국인들만의 교회로 바꿀

---

15. *Christian History*, issue 33, vol. IL, no. 1: p. 26, 27.
16 윗참고문헌.

계획을 세우게 되었다. 대부분의 회원들이 개신성공회 (PEC)에 속하기를 원했지만 알렌(Allen)은 감리교도로 남기를 원하는 소수의 사람들과 함께 1794년 베델흑인 감리교회(African Methodist Episcopal Church) 를 세우고 목사가 되었다. 델라웨어 주의 노예였던 알렌 목사는 백인 감리교의 간섭에서 벗어나기 위해 1807년 과 1815년에 펜실베니아주 법원을 통해 그의 교회가 독립적인 단체로 존재할 권리를 얻어 내었다. 또한 인종차별주의 타파와 종교적 자유를 원하는 대서양 중부지역 흑인 감리교인들을 필라델피아로 불러 모임을 갖고 새로운 웨슬리 교파인 흑인감리성공교단(AME)을 결성하였다.[17]

미국 역사의 이 어두운 시기에 혜성같이 어두움을 밝힌 불꽃이 있었다. 1863년 1월 1일 미국 정책에 기념비적인 변화가 일어난 것이다. 링컨 대통령의 노예해방선언은 미국의 인종차별주의의 흐름을 바꾼 역사적 사건이었다. 다양한 인종의 사람들의 노력으로 노예제도는 불법이 되었다. 이 법적인 승리는 이 땅의 아들과 딸들의 피로 그 땅을 물들인 대가로 이루어졌으며 미국은 새로운 방향을 맞게 되었다.

그러나 노예제도의 법적 폐지는 교회에서의 인종간 민족 간 통합에는 큰 도움을 주진 못 했다. 흥미롭게도 바로 이 역사적인 시기에 다윈의 이론이 미국에 유입되기 시작했다. 이제는 노예제도

---

17. African Methodist Episcopal Church website: http://www.ame-church.com/about-us/history.php

를 시행할 수 있는 법적인 근거가 없게 되자, 많은 사람들은 다윈의 이론을 채택함으로써 다양한 방면에서 인종차별주의를 합리화시켰다. 이들은 진화론을 이용해 아프리카계 미국인은 열등한 인종이고 하위 종족이라서 백인과 동등한 대우를 할 필요가 없다고 주장하였다. 예를 들어, "짐 크로우(Jim Crow) 법"은 진화론적인 생각으로 힘을 얻게 되었다.

짐 크로우 법은 인종 분리를 할 수 있게 한 법안인데 이 법은 남북 전쟁에 이은 정부재건사업(Reconstruction) 후인 19세기 후반에 싹을 틔워 생겨나서 1960년대까지 지속되었다.

짐 크로우 법이 발효되기 이전에는 아프리카계 미국인들도 정부재건사업에 의해 얼마간의 권리를 누렸지만 1877년에 정부재건사업이 끝나면서 이 권리는 줄어 들었다. 1890년이 되자 남부나 북부 모두 인권에 대한 지지도가 줄어들면서 인종적 긴장감이 심해졌다. 여기에 대법원의 여러 판례가 정부재건사업 법안을 뒤집으면서 인종분리주의를 촉진시키게 되었다.

대법원은 제14조 개헌 조항이 어떤 개인이나 단체가 인종에 따른 차별을 하지 못하도록 금하는 것은 아니라는 판결을 내렸다. 1896년의 플레시(Plessy) 대(v) 퍼거슨(Ferguson) 재판에 대한 대법원의 판결이 인종 분리를 시작하게 만들었다. (중략) 1896년 대법원은 "인종적으로 분리하되 동등하게" 취급하는 것은 위법이 아니라고 판결했으며 (중략) 흑인 학생들을 위한 별도의 학교가 없다 할지라도 인종적으로 학교를 분리하는 것은 합법적이라는 판결을 내림으로써 인종 분리를 지지했다.

남부의 주들은 학교나 식당, 병원, 공공장소에 아프리카계 미국인들의 출입을 제한하는 법을 통과시켰다. (중략) 실생활의 모든 측면에서 법적인 제약이 있었고 주마다 그 내용도 달랐다.[18]

이 법률들은 피부색에 따라 국민을 분리하는 공식적인 정부의 제도를 만들었다. 몇 가지 예를 살펴 보자:

* 루이지애나: "건물 전체에 또는 일부에 백인이나 백인 가족 이 살고 있는 건물을 흑인이나 흑인 가족에게 세를 놓는 사 람, 또는 흑인이나 흑인 가족이 사는 건물을 백인이나 백인 가족에게 세를 놓은 사람은 경범죄 처벌을 받는다."
* 플로리다: "백인과 흑인의 결혼, 또는 흑인의 4대 이내의 후 손과 백인의 결혼은 법적으로 금한다."
* 조지아: "백인 아마추어 야구팀이 흑인 전용 야구장에서 두 블록 이내의 공터나 경기장에서 경기를 하는 것은 불법이 며, 유색 인종 아마추어 야구팀이 백인 전용 야구장에서 두 블록 이내의 공터나 경기장에서 경기를 하는 것은 불법이 다."

당시 미국 남부지역은 학교나 교회, 대중교통 이용에 있어서 흑인과 백인의 사용이 분리되어 있어 마치 흑과 백의 체커판 같았 다. 성인 흑인 남성은 투표할 권리도 없었다. 1910년이 되자 짐 크 로우식 삶의 방식이 남부의 모든 주에서 완전히 자리잡게 되었고, 이로 인해 아프리카계 미국인을 차별하는 인종차별주의가 합법화되 고 제도화되게 되었다.

---

18 http://afroamhistory.about.com/od/jimcrowlaw1/a/ creationjimcrow.htm.

인종차별은 비단 정부나 민간차원의 문제만은 아니었다. 근본주의-복음주의 교회라는 배가 인종차별주의의 바다에서 침몰하고 있었고, 그 몸부림은 오늘날까지 지속되고 있다. 예를 들어, 이들은 구약과 신약의 몇몇 말씀을 인용하여 하나님께서 인종 간의 결혼을 금한다고 말해 왔다. 많은 기독교 단체가 이렇게 가르쳐 왔고, 최근까지도 명망있는 한 기독교 대학에서마저 그렇게 가르쳤다. 나의 저서인 『편견과 하나님의 사람(*Prejudice and the People of God*)』에서 이에 관련된 성경구절들을 자세히 조사하여 보았다.[19]

인종간의 결혼은 잘하면 현명하지 못한 행위라는 말을 듣고, 최악의 경우는 죄악이라는 믿음 때문에 많은 근본주의-복음주의 지도자들은 인종 분리 사회와 인종 분리 교회를 지지했다. 1956년 복음주의 목사인 존 라이스(John R. Rice)는 다음과 같은 생각을 얘기했다:

솔직히 말해 인종간 결혼보다 더 나쁜 일이 많지만 대부분의 지적인 사람들은 아무런 제약이 없는 인종간의 결혼보다는 짐 크로우 법을 더 선호할 것이다. 그리스도인들은 인종 간의 모든 관계에서 압제를 피하고 뼈아픈 노력을 통해 친절하고 사려 깊게 행동해야 하며 이기적인 생각을 버려야 한다.[20]

---

19. A. Charles Ware, *Prejudice and the People of God: How Revelation and Redemption Lead to Reconciliation* (Grand Rapids, MI: Kregel Publications, 2001).
20 John R. Rice, *Negro and White: Desegregation – Right or Wrong? How Much? How Soon? Principles and Problems in the Light of God's Word* (Murfreesboro, TN: Sword of the Lord Publishers, 1956), p. 7.

제2장 머나먼 다리 🐢 53

사회적으로 흑인과 백인은 자신들의 인종끼리 어울리고 같은 인종끼리 결혼하는 것이 더 좋다. 서로 다른 인종간의 결혼은 현명하지 않다. … 백인 소녀가 흑인 소년과 결혼하는 것이 잘못이라면, 사회 생활을 할 때 정기적으로 흑인 소년과 어울리며 그와 사귀는 것도 잘못된 것이다.[21]

1961년 데한(M.R. Dehaan)은 인종간 결혼에 대해 다음과 같이 언급하였다:

흑인과 백인은 절대 결혼하지 않아야 하며 가능한 각각의 사회집단과 종교집단, 교회 내에서 생활하여야 한다. 이 두 집단이 한 공동체 내의 같은 분야에서 살면서 서로 친밀한 관계와 교제를 이루기에는 아직 시기상조라고 본다.[22]

라이스와 데한은 자신들이 살던 시대의 문화적 현실을 다루고 있다는 것을 인정할 필요가 있다. 두 사람 모두 아프리카계 미국인들에 대한 억압에 관심을 가졌지만 그들의 시대적 상황에서는 소위 "인종" 분리 견해를 지지한 것이다.

당시 아프리카계 미국인들은 자유의 땅이라는 미국에서 엄청난 부당함을 겪었다. 짐 크로우 법에서 과학적 실험에 이르기까지,

---

21 John R. Rice, *Dr. Rice, Here is My Question* (Murfreesboro, TN: Sword of the Lord Publishers, 1962), p. 240.
22. M.R. DeHaan, *Dear Doctor: I Have A Problem* (Grand Rapids, MI: Radio Bible Class, 1961), p. 266-267.

아프리카계 미국인들은 미국 시민으로서의 기본 권리를 거부당했고, 인간으로서 받아야 할 최소의 존중도 받지 못했다. 이로 인해 아프리카계 미국인과 근본주의-복음주의 기독교인들 간에 불신이 커졌다. 아프리카계 미국인들이 고통 받고 고난을 당할 때, 교회는 침묵했고 그들의 곤경에 무관심했다. 공공연한 인종차별과 침묵에 대한 아프리카계 미국인들의 반응은 예견된 것이다. 성경은 이렇게 말한다:

> 노엽게 한 형제와 화목하기가 견고한 성을 취하기보다 어려운즉 이러한 다툼은 산성 문빗장 같으니라 (잠 18:19).

어떤이들은 성경과 기독교에 대해 적개심을 갖게 되었다. 흑인 무슬림 지도자인 엘리야 모하매드(Eliah Muhammad)는 흑인에게 주는 메시지에서 이렇게 주장하였다:

> 기독교는 지구상에서 가장 완벽한 흑인노예 제조 종교이다. 기독교는 소위 니그로(Negro)라 불리는 흑인들을 정신적으로 완전히 살해하였다.[23]

더 나아가 모하매드는 이렇게 주장했다. "백인의 기독교는 소위 니그로라 불리는 흑인들에게 코란을 절대로 소개하지 않았으며, 앞으로도 그럴 것이다. 백인들은 흑인들의 상황에 맞게 만들어진

---

23. Elijah Muhammad, *Message to the Blackman in America* (Chicago, IL: Muhammad Mosque of Islam No. 2, 1965), p. 70.

성경을 흑인들이 읽기를 원하며 흑인들이 이런 사실을 결코 이해하지 못하기를 바랄 것이다."[24]

많은 아프리카계 미국인 성도들은 백인 형제 자매들의 성경에 관한 학식을 불신하기 시작했다. 이들 중 어떤 이들은 성경을 내던져 버리기보다 스스로 성경을 연구하면서 성경이 말하는 "인종"에 대한 내용이 무엇인지, 성경이 모든 인류를 위해 선포한 자유와 주장이 무엇인지를 조사하였다.

당시 상황에 대한 좌절감과 무언가 다른 미래에 대한 희망으로 아프리카계 미국인들은 뭉쳤고 자신들의 명분을 들고 거리로 나갔다.

1965년 3월 7일

그들이 행진을 시작하려 할 즈음에는 이미 알라바마(Alabama)의 햇살이 도로를 뜨겁게 달구기 시작했다. 남부의 습한 대기는 환희와 축제, 저항으로 채워져 있었다. 그날 행진을 한 숫자는 500명이었다. 이 500명의 사람들은 모든 것을 겪을 만큼 겪었다. 위협과 차별을 받았고, 또 자유와 평등을 주장하는 나라에서 비인간적 이류시민으로 취급을 받아 왔다.

그들은 마음에 굳은 결단력만 가졌을 뿐 아무런 무기도 갖고 있지 않았다. 그들은 특별한 것을 요구한 것이 아니라 *모든 인간은 평등하게 창조되었다*는 것을 주장하였을 뿐이다. 그들은 *삶과 자유와 행복을 추구할 권리*만을 주장했다. 구체적으로 이 지구상에서 가장 위대한 민주주의 국가의 법적 국민으로서 오로지 투표권만을

---

24. 윗참고문헌., p. 71.

요구하며 주의 수도로 행진해 나갔다.

그러나 그날 그들은 너무 멀리 나갔다. 인간으로서의 권리와 그들의 가족을 둘러싼 난무하는 인종차별을 이을 연결다리를 찾기 위해, 그들은 박해자들이 참아 줄 수 있는 선 이상으로 밀어붙였다. 역사학자들은 그 날을 "피의 일요일(Bloody Sunday)"이라고 기억한다. 에드먼드 피투스 다리(Edmund Pettus Bridge)에서 주 정부와 지방 경찰들의 방망이와 최류탄, 채찍이 아무런 보호책이 없는 시위 행진자들 위로 떨어졌다. 그 일요일에 피가 흐르고 뼈가 부러지고 살점이 찢겨졌다. … 바로 그날, 시위하던 행진자들은 인종의 협곡 사이에 놓여진 "머나먼 다리"를 만났다. 피부색 때문에 특정의 국민들이 헌법에 명시된 자신들의 권리가 거부되도록 고안된 정치적, 법제적 제도 때문에 그 다리를 건널 수 없었던 것이다.

패배를 안겨 준 그 다리는 그 다음 시도를 기다리며 계속 놓여 있었다. 두 주일 후였던 3월 21일 3,200명의 시위대가 알라바마의 아침을 가르며 행진을 했다. 알라바마 주도에 이르렀을 때 노래를 부르는 시위대는 25,000명으로 늘어났다. 8월 6일에는 마침내 린든 존슨(Lyndon Johnson) 대통령이 아프리카계 미국인들이 투표권(Voting Rights Act)을 행사하는 것을 막는 법적인 장애를 극복하는 1965년의 투표권법에 싸인을 하였다.

짐 크로우 법과 인종차별에 대한 저항의 최고 승리는 민권법(Civil Rights Act)의 통과였다. 단 한 번의 싸인으로 분리주의 정책과 인종차별법안은 이제 역사 속으로 사라졌다. 1967년 러빙(Loving) 대(vs) 버지니아 주(Commonwealth of Virginia)의 판례에서 대법원이 그때까지 많은 주에서 불법이었던 '인종간 결혼(interracial marriges)'에 대한 법적 제약이 위헌이라는 판결을

내렸다. 그러나 단순한 법적인 변화가 마음의 변화를 뜻하는 것은
아니었다.

1965년 이후

사람들은 민권법이 승인되면서 인종간 다리가 이어지고 인종
간의 상처가 치유되었다고 믿었다. 그러나 인종차별주의의 뿌리는
법보다 더 깊었고 교회에서마저 그러했다. 백인 그리스도인들의 아
프리카계 미국인들에 대한 억압과 착취를 인정하는 일부 아프리카
계 미국인들은 성경이나 기독교에 대해서라기보다 "백인" 학자들에
대해 더 큰 적개심을 드러낸다. 라타 토마스(Latta R. Thomas)
는 이렇게 설명하고 있다.

> 성경에 대한 흑인들의 적개심을 이해하려면 지난
> 수세기 동안, 그리고 어느 정도는 현재까지도, 서구 국
> 가들에서 흑인을 억압하고 착취하는데 성경이 사용되었
> 다는 사실을 인식해야 한다.
> 흑인들을 억압하고 착취하는 데 성경이 잘못 해석
> 되었고 조작되었다고 생각하는 미국 흑인들의 마음에 다
> 가가려면 (중략) 성경이 과연 무엇에 관한 것인지를 흑인
> 들 스스로 확인해야 한다. 왜냐하면 성경이란 유일하신
> 하나님이며 모든 역사의 주관자께서 인간을 창조하시며
> 자유케 하는 일을 항상 하고 계신다고 기록하고 있기 때
> 문이다. 그의 사역은 부당함과 편협함, 증오, 인간적 노

예, 정치적 부패, 독재, 죄악, 질병과 가난으로부터 인간을 자유케 하시는 일이다.[25]

흑인들의 역경을 다루고 있는 성경 내용들을 조사해야 한다고 토마스가 주장하였지만 이런 중요한 일을 백인 학자에게 맡길 수는 없는 일이었다. 백인 학자들이나 지도자들에 대한 불신은 제임스 콘(James H. Cone)과 같은 '흑인' 지도자들의 말에서 나타나고 있다.

> 현대 신학자들의 견해를 조사해 보면, 우리는 그들이 흑인 노예상황에 대해 침묵하고 있음을 알게 된다. 백인 학자들은 흑인 노예제도와 기독교 복음 사이의 연관성을 이해하지 못하고 있는 것이 분명하다. 따라서 기독교 교리와 백인 우월주의 간에 첨예한 갈등이 없었다. 그러므로 앞으로는 백인의 압제 하에 있는 흑인을 자유케 하는 복음의 능력을 적용하는 것이 유일한 목적인 신학, 즉 흑인 신학이 절대적으로 필요하다.[26]

그로부터 흑인과 백인 각 집단에게 유리한 성경적 주제들을 연구하는 흑백 학문이 생겨났다. 남성과 여성의 영혼에 인간의 지혜가 아닌 하나님의 말씀이 심어졌으므로, 진리의 씨앗이 뿌리를 내리고 자라게 되었다.

---

25. Latta R. Thomas, *Biblical Faith and the Black American* (Valley Forge, PA: Judson Press, 1976), p. 12, 13.
26. Harry H. Singleton Ⅲ, *Black Theology and Ideology: Deideological Dimensions in the Theology of James H. Cone* (Collegeville, MN: Liturgical Press, 2002), p. 31.

타당한 신학이론이 모두에 의해 받아들여져야만 진정한 문화적 변화가 지속적으로 일어나는 법이다.

미래의 도전

새로운 세대가 교회를 이끌어 가면서 확실한 진보를 이루었지만 함께 살기 위해서는 아직도 더 많이 투쟁해야 한다. 1993년 2월 21일부터 28일까지 《인디애나폴리스 스타(*Indianapolis Star*)》지에 게재된 기사, "흑인과 백인: 우리는 함께 살 수가 있을까?"에서는 다음과 같은 글이 있다.

"흑인과 백인 간에는 종족 간의 유대가 없다. 우리는 서로 다른 두 개의 세계 안의 서로 다른 두 개의 공동체로, 서로 아무 관련을 맺고 있지 않다."[27]

1997년 NBC 방송의 '데이트라인(Dateline)' 프로 진행자인 톰 브로코우(Tom Brokaw)는 "왜 우리는 함께 살 수 없는가?"라는 영향력 있는 다큐멘터리를 방송했다. 이 프로그램에서 그는 미국의 인종 관계를 살펴보고, 교외의 삶에 존재하는 인종적 분리의 숨겨진 실체를 설명했다.

오늘날에도 여전히 극단적인 인종차별주의자들은 성경을 그릇되게 해석하여 인종차별을 정당화하려 하고 있는데, 이는 마치 다윈이 진화론을 합리화하고자 과학적 사실을 왜곡하여 해석한 것과 마찬가지이다. 아직도 어떤 기독교 집단들은 성경이 백인우월주의

---

27. *Black & White: Can We All Get Along? Indianapolis Star*, February 21-28, 1993, cover page.

와 인종분리를 지지한다고 주장한다. KKK(Ku Klux Klan)와 왕국정체성(Kingdom Identity) 집단이 바로 그런 집단이다.

KKK는 그들의 홈페이지에서 자신들은 대법원이 인정을 하고 보호를 하는 기독교 단체로서 자신들의 도덕적이고 선한 기독교적 행동 때문에 미의회의 허가를 받은 단체라고 소개하고 있다. 거기에는 "우리는 주 하나님 예수 그리스도의 이름으로 왔다, 아멘"이라고 씌어 있다.[28] 그들의 교리 선언에는 다음과 같은 내용이 있다:

> 우리는 백인, 앵글로색슨계(Anglo-Saxon), 게르만 민족(Germanic)만이 하나님의 진실한, 문자 그대로의 이스라엘 자손임을 믿는다. 이 인종만이 이스라엘에 관한 성경적 예언과 세계 역사를 성취할 수 있으며 말세에 여호와 하나님이 이스라엘을 위해 하신 약속과 예언과 축복을 누릴 후손이며 소유자들이다. "기독교 국가(Christian Nations)"를 만들기 위해 선택된 이들 인종(창 35:11; 사 62:2; 행 11:26)은 하나님의 종으로 부름받은 여타 모든 인종들보다 우월하다(사 41:8, 44:21; 눅 1:54). 이스라엘의 열두 지파 중 오직 이 후손들만이(약 1:1; 신 4:27; 렘 31:10; 요 11:52) 하나님의 말씀과 성경을 세상에 전파하고(창 48:14절; 사 43:10-12, 59:21), 하나님의 율법을 그들의 시민정부를 세우는데 사용하고, 이들만이 진정한 살아계신 하나님을 인정하지 않는 사단적인 반기독교 세력에 반대하

---

28. Imperial Klans of America, opening pages; website: www.kkkk. net

는 "기독교인"이다(요 5:23, 8:19, 16:2-3).[29]

흑인 민권운동가인 줄리안 본드(Julian Bond)는 이렇게 말했다. "오랫동안 KKK 집단은 살인을 하고도 법망을 빠져 나갈 수 있었다. 그들은 공포를 야기시키는 도구였으며 이 공포를 통해 우리를 통제하려 하였고, 노예제도를 통해서, 그리고 노예제도가 종식된 후에는 짐 크로우 법을 통해서 남부가 과거처럼 유지되기를 바랬다는 것을 흑인이나 유태인, 나아가 백인 민권운동가들조차 알고 있었다. 이 KKK에 대한 공포는 아주 실질적이었는데 이는 오랫동안 KKK가 남부 사회를 자기들 편에 둘 수 있는 힘을 가졌었기 때문이다."[30]

법이 바뀌어도 KKK단의 생각은 바뀌지 않았으며, 계속 자신들의 주장을 지지하기 위해 성경을 잘못 사용하였다.

기독교정체성운동(Christian Identity Movement)은 백인우월주의자이며 종교 집단인데 이들도 KKK단과 같은 이데올로기를 갖고 있다. 근본주의-복음주의집단처럼 보이는 왕국정체성교단(Kingdom Identity Ministries)의 교리 선언에 따르면 이 집단이 성경의 권위와 삼위일체, 은혜에 의한 구원 등 여타 신앙적 관점을 인정하고 있다. 하지만 자세히 들여다 보면, 인종 문제에 있어서는 치명적인 독소를 갖고 있다.

---

29. Doctrinal statement, *Imperial Klans of America*; website: http://www.kkkk.net/doctrinalstatements.htm

30. Julian Bond, "Why Study the Klan?" *The Ku Klux Klan: A History of Racism and Violence*, Sara Bullard, editor (Montgomery, AL: Klanwatch, 1991), p. 5.

우리는 백인, 앵글로색슨, 독일인이 하나님의 진정
한 자손임을 믿는다. … "기독교 국가"를 만들기 위해 선
택된 이들 인종(창 35:11; 사 62:2; 행 11:26)은 하나
님의 신하 종족으로 언급된 다른 모든 인종들보다 우월
하다(사 41:8, 44:21; 눅 1:54).[31]

우리는 아담이 백인 종족만의 조상임을 믿는다.[32]

이들은 성경과 기독교 용어를 교묘하게 짜 맞추어서 많은 사람
들이 인종차별주의적 태도와 분리주의적 행동을 하게 한다. 《크리
스천 리서치 저널(The Christian Research Journal)》은 다음
과 같이 보고하고 있다:

그리스도인들이 간혹 이 단체와 연관을 맺는데, 이
는 이 집단이 인권이나 반공산주의를 지지하기 때문이
다. … 그러나 그리스도인들은 이 집단의 잘못된 인종차
별적 가르침을 알아야 한다. 비그리스도인들을 위해서
믿는 자들이 성경적인 기독교 사상과 정체성 교단의 종
교 이념을 구별할 수 있어야 한다. 마지막으로 백인우월
주의적인 사악한 의도에 맞서 싸우는 것이 그리스도인의
도덕적 의무이다.[33]

---

31. Doctrinal Statement of Beliefs, Kingdom Identity Ministries,
Harrison, Arkansas; website: http://www.kingidentity.com/
doctrine.htm
32. 윗참고문헌.
33. 윗참고문헌., p. 23.

이 글은 이 집단을 이렇게 정의하고 있다:

> 정체성 교단은 미국 내 백인우월주의자들을 한 데
> 묶는 종교집단이다. 이 집단의 지도자들은 인종차별과
> 폭력을 조장한다. 이들의 행동은 KKK나 나치당의 행
> 동에 뿌리를 두고 있다. 이들은 스스로를 진정한 이스라
> 엘인이며, 유태인을 반은 악마이며 원수라고 생각하는
> 가 하면, 백인 외의 모든 인종은 열등한 피조물로 간주한
> 다.[34]

이들이 세속적인 다원주의 문화에 고개 숙이기를 거부하고 담
대히 성경 말씀 위에 서 있는 창조론자(creationists) 동료들이란
것을 주목하라. 문제는 이들이 이미 존재하고 있는 차별적, 인종차
별주의적 신념을 지지하려고 성경을 사용하고 있다는 것이다. 이를
위해서 이들이 인용하는 성경구절은 문맥과 상관없이 떼어 온 것이
거나, 또는 심하게 왜곡된 것들이다.

창조론자 중에서는 성경적 증거가 있음에도 불구하고 인종
차별주의자가 있으며, 최근 과학자들 간의 논쟁은, 진화론적 사고
에 인종차별주의가 얼마나 내재되어 있는지를 보여 준다. 이런 점
에서는 저명한 과학자들조차 예외일 수가 없다. 크리크(Francis
Crick) 박사와 함께 DNA의 구조를 밝힌 놀라운 업적으로 노벨상
을 수상한 유전학자인 왓슨(James Watson) 박사도 그런 과학자
이다. 2007년 10월, 영국에서 유전학 강연을 하면서 왓슨은 인종

---

34. Viola Larson, "Identity: A 'Christian' Religion for White
Racists," *Christian Research Journal*, vol. 15, no. 2 (Fall 1992): p.
27.

차별적 발언을 하여 큰 파장을 일으켰다.[35]

왓슨이 유전학의 전문가라는 것은 의심의 여지가 없지만, 그가 실수를 한 것은 그가 진화론에 의존한다는 것이다. 문제가 되었던 그의 발언은 다음과 같다:

> 진화의 과정에서 지리적으로 떨어지게 된 사람들의 지적 능력이 동일하게 진화하였을 것이라고 기대할 아무런 확실한 이유가 없다. 인류의 어떤 보편적 유산으로 동질의 이성 능력을 보유하기를 바라는 우리의 바램만으로는 이런 일이 생길 수 없다.[36]

위의 내용은 그가 흑인 연구 대상의 DNA가 백인 연구 대상의 DNA보다 덜 지적이라는 설명을 하는 맥락에서 언급되었다. 그의 견해는 즉각적으로 다른 진화론자들의 비난을 받았다. 영국 개방대학(Open University) 교수인 스티븐 로즈(Steven Rose)는 이렇게 말했다:

> 왓슨은 지금 매우 수치스러운 상황에 있다. … 그가 이 주제에 관한 관련 문헌을 알고 있었다면, 그의 주장이 과학적 깊이도 없고, 사회적이나 정치적으로도 매우 동떨어져 있다는 것을 알았을 것이다.

대부분의 진화론자들은 로즈의 반인종차별적 견해에 동조할

---

35. Http://www.answersingenesis.org/articles/2007/10/19/#fnList_1_1
36. 윗참고문헌.

것이며 왓슨의 주장에 경악했을 것이다. 그럼에도 불구하고 왓슨은 로즈보다 진화론 이론과 더 부합하고 있다는 것을 지적하고 싶다. 인간이 덜 지적인 생물로부터 진화되었다는 사실을 믿게 되면, 어떤 인종은 다른 인종보다 덜 진화될 수 있다는 가설을 당연히 받아들이게 된다. 왓슨은 2007년 10월 19일자 《인디펜던트(*The Independent*)》 신문에 그의 견해를 거듭 주장하며 앞서 언급한 내용은 어떤 인간 집단의 열등성이나 우월성에 관한 이야기가 아니라고 하였다. 그러나 서로 다른 인간 집단에 대한 그의 언급은 명백히 가치판단이라고 생각한다.

진화론자들의 믿음과는 달리, 실제 세상에는 단 하나의 종족, 즉 아담의 종족만 있다. 아담의 종족에는 흑인과 백인은 물론 모든 인류가 포함된다.

법적으로는 바람직한 방향으로 중요한 발전이 이루어진 것처럼 보이나 항상 그런 것만은 아니다. 《인디애나폴리스 스타(*Indianapolis Star*)》지는 최근 "오마하 학교 분리 법안이 네브라스카 주를 둘로 나누다."라는 기사를 실었으며 다음과 같은 설명을 달았다:

> 170 페이지에 달하는 법안에 따르면 자발적인 통합을 추진하기 위해 여러 학군이 함께 노력하라고 하였다. 그러나 챔버스(Chambers)가 제안한 두 페이지 수정안으로 인해 그 법안은 완전히 바뀌었다. 수정안에 의하면 오마하 학교들은 인종에 따라 학군을 나누었는데, 챔버스가 동료들에게 한 말에 따르면 이러한 학군은 흑인 교육가가 흑인지역 학교를 관리할 수 있게 할 수 있다는 것

이었다.[37]

불행히도 이러한 "자발적 분리" 형태가 만연해 있고 교회에서
도 상당히 많이 나타난다. 우리는 같은 신앙을 갖고 있지만 피부색
이나 얼굴형에 따라 나뉘고 분리되고 있다.

당면과제

종교적인 인종차별주의의 바이러스를 없애려면 강력한 항생
제가 필요하다. KKK같은 극단주의 집단이 완전히 제거된다 해도
교회는 여전히 인종차별주의라는 병폐를 가지고 있다. 일부 재유행
움직임이 있기는 하지만 왕국 정체성(Kingdom Identity)과 같은
집단은 근본주의-복음주의적 사고의 주류를 대표하지 못하고 있
다.[38]

교회는 여전히 "우리 대 그들"의 사고방식을 갖고 있으며 다수
의 교회들은 인종적으로 분리되어 있다. 많은 근본주의-복음주의
교회들이 아직도 서로 신뢰할 수 있는 관계 형성이라는 난제를 갖고
애쓰고 있다. 성경이 첫 아담 안에서의 인류의 하나됨과 마지막 아
담 안에서의 그리스도인의 하나됨을 가르치고 있지만, 인종 경계를
넘어선 진정한 관계 형성을 보기는 어렵다. 하물며 결혼 등을 통한
인종 간의 교제를 다루고 있는 자료들은 매우 드물다! 다양성에 관

37. Sam Dillon. "Law to Segregate Omaha Schools Divides
Nebraska," *Indianapolis Star*, April 15, 2006.
38. A & E Home Video, *The New Skinheads*, Broadcast News
Networks, Inc. and A & E Television Networks, 1995.

한 우리의 과제들은 주로 "어떻게 해서 이 아메리칸 드림에서 나의 몫을 찾고, 나와 같은 민족의 몫도 찾아 줄 수 있을까"로 축약된다. 문화적, 인종적 경계선을 따라 심각하고도 명백한 불평등이 아직도 남아 있는 것을 감안하면 이러한 태도를 이해할 만하다.

우리와 다르게 보이는 사람들과의 관계에 관한 한, 교회는 동료 인간들과의 관계에 대해 분명하고 확실하게 말씀하신 성경의 진리와 명령으로 시작하기보다는 타락한 세속적 사고에 젖어 왔다. 창세기 1장으로부터 시작되는 하나님의 말씀을 진리로 받아 들이기 전에는 우리는 이 세상의 철학과 미움에 지속적으로 끌리게 될 것이다. 오늘날의 교회가 직면한 과제는 그리스도의 몸에 진리라는 치유 혈청 주사를 놓는 것이다. 성경을 올바른 해석해야 하고 그리스도 안에서 연합하여 다양성을 지닌 하나가 된다는 성경의 계시를 실천하며 살아야 한다. 인종적 갈등에 따른 상처는 은혜와 사랑, 평화와 용서에 관한 성경적 원리를 적용할 때에만 치유될 수 있다.

희망

인종 관계 문제는 계속 덧나는 상처와 같아서 치료되기보다는 악화된다고 주장하는 사람들이 있다. 사실상 인종 문제 퇴치는 헛된 꿈이라는 사실이 입증되었다. 미국의 인종 문제는 치명적인 전염병의 단계에서, 이제는 심각하나 상태가 안정적인 질병 단계로 바뀌었다. 최근 세계 도처에서 발생하는 인종 전쟁이나 종족 말살, 종족 청소 등의 사건을 볼 때, 미국은 상대적으로 인종적 다양성을 다루는데 있어 잘하고 있는 나라라 할 수 있다. 즉 다음과 같은 몇 가지 긍정적인 측면들은 인정해야 한다.

* 첫째, 미국은 인종적 다양성을 상당히 조화롭게 수용하고 있다.
* 둘째, 아직 서로가 동의하는 해결책에는 이르지 못했지만 과거에 인종적 불평등이 있었음을 공개적으로 인정해 왔다.
* 셋째, 많은 사람들이 개인적으로 부당함을 경험했지만, 이에 대해 원한을 갖지 않고, 화해자가 되었다.
* 넷째, 많은 근본주의-복음주의자들이 성경에 대한 과거의 인종차별적 해석을 수정하였다.
* 다섯째, 많은 백인 근본주의-복음주의자들이 교회 내에서 성경적 화합을 진지하게 바란다.
* 여섯째, 여러 교파와 단체에서 화합이 주류 관심사가 되고 있다.
* 일곱째, 미국의 인종 관계는 인종을 기반으로 한 노예 제도, 착취, 인종 분리 등에서 인종 간 결혼을 포함하는 좀 더 큰 사회적 상호작용 문제로 진전되었다.

많은 그리스도인들이 예수 그리스도의 보혈을 통하여 우리가 하나라는 성경적 꿈에 의해 감동을 받고 있다. 교회 안에서의 인종적 화합은 다음과 같이 정의될 수 있다. *문화적, 인종적, 경제적 배경이 다른 집단들이 그리스도의 구속을 통해 연합하고 성경적 원리를 따라 서로의 거룩함과 복음 전도와 하나님의 영광을 위해 함께 성장하는 것이다*(요 13:34-35; 롬 15:1-3: 갈 2:1-4, 3:26-29; 엡 2:11-22). 이것은 인종주의를 해결하는 좋은 방안일 뿐 아니라 지속성을 갖는 유일한 해결책이다.

많은 사람들이 다문화 교회와 사역에 대한 비전을 품고 있다. 2001년, 크로스로드 성경 대학은 *그리스도를 위해 다민족 사회를 섬길 지도자를 양성하자*는 설립 취지를 확장하여 크로스로드 교회를 세웠다. 하나님께서 성경적인 다양성을 가진 교회를 원하신다고 믿는다. 크로스로드 교회는 성경적 윤리에 기초한 인종적, 경제적, 교육적, 세대적 다양성이라는 대학 사명을 실천하고 있다.

비슷한 일을 하고 있는 다른 기관들도 많다. 국제 기독 남성 단체인 프라미스 키퍼(Promise Keepers)는 "인종적, 종파적 장벽을 넘어 성경적 일치를 보여 주고자 한다."고 하였다. 켄 허처슨(Ken Hutcherson)과 안티옥 글로벌 네트웨크(Antioch Global Network)는 다민족 교회들을 세웠다. 이밖에 많은 교단과 종교 단체들이 인종적 분리의 문제를 다루고 있다. 우리의 역사 가운데 위대한 희망이 나타나고 있다.

그러나 파급이 큰 변화와 화합은 당신의 마음에서 시작되어야 한다는 사실을 알아야 한다. 다리 양편의 사람들이 하나님의 의도를 새롭게 이해하고 새로운 연합을 이루어야만 사회적으로 진보할 수 있다. 팀 스트리트(Tim Street)같은 사람은 개인적인 슬픔을 딛고 하나님의 말씀의 진리와 성령의 능력으로 그 다리를 건넌 사람 중 한 명이다.

열다섯 살 때, 나는 나와 다른 피부색의 남자 강도 세 명이 아버지를 살해하는 것을 목격했다. 육군 군목이셨던 아버지는 하나님은 사람을 바꾸고 구속하신다는 가르침으로 나를 기르셨다. 그 이후 20년간 많은 힘든 시간이 있었지만, 돌아보면 내가 하나님께 주의를 기울이고 있지 않을 때에도 하나님께서는 분명하게 역사하고 계셨다. 하나님은 나를 목회자로 이끌어 주시고 화합의 사역을 감당하도록 해 주셨다. 내가 말로는 화합에 대해 이야기할 수 있었지만, 하나님께서 내가 믿음과 순종의 발걸음을 떼어 나의 심리적 안전지대 밖으로 나가게 하시기 전에는 과연 진정한 화합이 무엇인지 알지 못하였다.

아버지가 돌아 가신지 20년이 지나 나는 경비가 삼엄한 감옥 문 앞에 서 있었다. 감옥문의 안쪽에는 아버지가 살해되던 밤에 차를 몰았던 사람이 있었다. 아버지의 살해에 가담했던, 세 명 모두에게 편지를 썼으나 돈(Don)만이 답장을 했고 나의 방문 제안을 받아들였다. 내 등 뒤로 문이 닫히고 앞에 있던 또 다른 문이 열리려 할 때 나는 내 발을 보았다. 내 마음은 성경 말씀으로 가득 차 있었고, 주께서는 내가 이제 처음으로 그 분의 발자취를 따라 가고 있는 것이라고 말씀해 주셨다. 그 후 몇 년 동안 성령의 놀라운 역사를 통해 돈은 감옥에서 풀려났고 결혼도 하였으며 다른 범법자들이 성공적으로 사회에 돌아올 수 있도록 돕고 있다.

하나님은 우리를 "가라"고 부르시며, 우리가 원하지 않는 곳으로도 가라고 하신다. 하나님은 그의 말씀에 복종하면 축복을 주시고 그를 통해 하나님의 이름을 영화롭고 존귀하게 하신다.[39]

---

39. Tim Street, unpublished personal testimony, Indianapolis, Indiana, November 2006.

인종차별주의, 다원주의, 혹은 세상을 바꾸는 일에 대해 당신의 마음은 어디에 있는가? 변화는 지금 일어나고 있지만, 당신의 역할은 오직 당신만이 할 수 있다. 당신만이 당신 주변의 사람들과 연합하고 이해하고 존경하는 다리를 만들 수 있다. 1965년, 시위행진에 나갔던 사람들처럼 당신도 심각한 장벽과 반대에 부딪힐 수 있다. 이 다음 장에서부터 켄과 나는 인생을 바꿀 수 있는 정보와 아이디어를 제공하려고 한다. 그것으로 당신이 원하기만 하면 결정적인 행동을 취할 수 있게 될 것이다. 이 책에서는 성경을 통하여 과거 인종차별주의를 야기했던 세속적인 다원주의와는 전혀 다른 세계관을 보여 주는 성경 말씀을 탐구할 것이다. 이 성경적인 세계관이 가장 최근의, 최고의 과학적 사실로 뒷받침되고 있음을 보여 줄 것이다.

우리는 역사를 통해 많은 것을 배우지만 역사는 과거이다. 미래를 바라 보아야 할 때는 바로 지금 현재이다. 우리 각자는 하나님께서 우리에게 주신 세계 안에서 행동하여야 하고, 다른 사람이 이 시스템을 바꾸기까지 기다리지 말아야 한다. 개인적인 행동이든, 사회 체계의 변화이건, 우리는 그리스도의 십자가를 바라보며, 인종 차별의 벌어진 틈에 다리를 놓아야 한다.

> 그는 우리의 화평이신지라. 둘로 하나를 만드사 원수된 것 곧 중간에 막힌 담을 자기의 육체로 허시고 …
> 이 둘을 한 몸으로 하나님과 화목하게 하려 하심이니라.
> (엡 2:14-16)

제3장
종의 진정한 기원

켄 햄

앞의 두 장에서 우리는 진화론과 인종차별주의적 사고가 시사하고 있는 상당히 추한 여행을 했다. 이 시사점은 사회적으로나 문화적으로 지대한 영향을 미치고 있다. 그것은 국가 전체의 정책에서부터 특정 장소의 특정 개인의 일상생활에 이르기까지 영향을 준다. 인종차별주의의 문제는 결코 과소평가 될 수 없다. 하지만 해결책은 무엇인가? 이 문제에 대한 성경적이며 진리인 해답을 어디에서 기대할 수 있는가?

감사하게도, 하나님께서는 아무런 정보가 없는 상황에 우리를 내버려 두지 않으셨다. 해답은 있다. 하나님 말씀의 특별한 계시와 과학에서 얻은 자연 계시가 그것이다. 이로부터 우리는 인종차별주의와 진화론의 뿌리가 거짓된 것을 밝힐 수 있을 뿐만 아니라, 다윈의 농장의 뿌리를 뽑고 새로운 씨앗, 타락한 인간의 편파적인 지혜의 씨앗이 아닌 하나님의 진리의 씨앗을 심을 수 있다.

얕은 토양

다윈의 농장은 매우 얕은 토양에서 일구어졌지만, 그때에는 아무도 그것을 몰랐다. 진화론은 그 시대에 인정되고 있던 과학적 사실과 일치하는 것처럼 보였고 특히 성경의 진실을 외면한 세속주의자들 사이에서 더욱 그랬다.

다윈이 그를 이 세상의 이국적인 장소로 데려간 비글호에 뛰어 올랐을 때, 진화에 대한 그의 근본적인 생각의 일부분이 이미 자리를 잡고 있었다. 그는 이미 지구 나이가 수백만 년이 되었다고 믿고 있었고 창조주에 대한 믿음을 버린 상태였다. 그가 세계를 항해할 때, 그는 유사성을 공유하면서도 그들이 어디 사느냐에 따라 큰 다양성을 보여 주는 다른 종류의 동물에 주목하기 시작했다. 그는 또한 밀접한 유사성을 지닌 동물들은 서로 가까운 거리에서 산다는 것도 알게 되었다. 그래서 그는 모든 생명은 하나의 단일한 생명체에서 시작했고, 오랜 시간이 지나면서 이 동물이 더 복잡한 것으로 변화했거나 "진화"했다는 것을 이론화하기 시작했다. 더 오랜 시간이 흐른 뒤에는, 서로 다른 종류의 동물로 나눠지고 결국 완전히 다른 종류의 동물이 된다는 것이 다윈의 이론이다.

이 이론에서는 원시인과 닮은 생물이 진화를 통해 생겨났고, 이로부터 다양한 인간 종으로 나뉘어졌다고 주장한다. 많은 진화론자들처럼 다윈은 어떤 인간 종은 보다 큰 뇌가 더 빠르게 발달되어서, 다른 인간 종을 능가했다고 믿었다. 가장 발달한 종(적어도 진화론자들의 진화된 뇌가 판단할 때)은 19세기 유럽의 남자로서, 호주 원주민보다 훨씬 진화했다고 여겨졌다. 이 혁명적이고 진화론적인 생각은 인종차별주의자들의 생각을 부채질을 했고, 역으로 인종차별주의자들은 이러한 혁명적이고 진화론적인 생각에 박차를 가했다.

다윈의 이론은 많은 사람들이 겉으로 보기엔 말이 되는 것처럼 보인다. 그러나 그 당시 이 사실을 아는 사람은 거의 없었지만, 이 이론에는 생물학적으로 근본적인 문제가 있었다. 다윈은 그의 진화론적인 신조에 있어서 라마르크(Lamarck)의 추종자였다. 라마르크 학설은 환경이 생물의 변화를 야기할 수 있고, 이 변화는 다음 세대에 전해질 수 있다고 믿었다. 예를 들어, 라마르크는 기린이 원래는 짧은 목을 가졌었다고 믿었다. 초기의 진화론자들은 기린이 키가 큰 나무의 잎사귀를 먹기 위해 목을 뻗었기 때문에, 기린의 목은 실제로 점점 더 길어졌다고 믿었다. 이 더 길어진 목이 다음 세대에 전달, 즉 획득한 형질이 유전되어서, 현대의 기린의 엄청나게 긴 목을 가질 때까지 계속해서 목을 점점 더 뻗어서 조금씩 조금씩 더 길어졌다고 믿었다.

이런 생각은 꽤 논리적으로 보였다. 충분한 시간만 있다면, 어떤 변화도 가능한 것처럼 보였다. 18세기 후반과 19세기 초반에 발전된 새로운 과학인 지질학이 그 만한 시간이 있었던 것으로 만들어 주었다. 초기의 지질학자들은 이미 지구가 수백만 년은 되었다는 생각하고 있었다. 다윈은 이런 생각을 생물학에 적용했다. 그것은 지대한 시사점을 주는 작은 움직임이었다. 환경 하나만으로 생물체에 다음 세대에 전해질 변화를 야기할 수 있다는 라마르크식의 신조와 지구가 수백만 년은 되었다는 생각이 다윈 농장의 씨앗이 뿌리 내리도록 했다. 이러한 환경에서, 다윈주의의 농장은 번성했고 그것의 그늘에서, 인종차별주의가 진화론의 무신론적인 철학과 부도덕성의 영향을 받게 되었다.

문제는 진화론적 생각의 이러한 씨앗들이 극도로 얇은 과학적인 토양에 자리 잡고 있다는 것이다. 다윈과 처음에 그의 이론을 수용한 과학자들은 엄청나게 복잡한 암호화된 정보가 생명체 내에 있어서 생명을 통제한다는 점을 알 길이 없었다. 그들에게는 하나님이 생물을 위해 경이로운 청사진을 모든 세포 내에, 모든 생명체 내에, 모든 인간 내에 놓아 두셨다는 것을 관찰 할 수 있는 능력이나 기술이 없었던 것이다.

그들은 아직 유전학(genetics)의 세계를 발견하지 못했었다.

당신의 DNA에는 무엇이 있습니까?

현대의 과학 기술과 수많은 시간의 연구를 통해, 현대 과학자들은 19세기 과학자들이 상상할 수 있었던 그 어떤 것보다도 더 복잡한 생물학적 생명의 경이로움을 밝혀내고 있다.

예를 들어, 생화학의 영역에서 과학자들은 초기 생물학자들의 상상을 뛰어넘는 복잡한 디자인을 발견했다. 마이클 베히(Michael Behe)는 그의 저서 『다윈의 블랙 박스 : 진화론에 대한 생화학적 도전(*Darwin's Black Box; The Biochemical Challenge to Evolution*)』에서, 생명의 기초를 구성하고 있는 경이로운 화학 기계들을 묘사하고 있다. 그리고 다윈의 진화론의 과정으로는 그것이 절대적으로 불가능하다는 것을 보여 주고 있다.

똑같은 사실이 유전학에도 적용된다. 유전자(genes)는 생명체를 만드는데 필수적인 정보를 담고 있는 DNA 조각들이다. 그것은 지금까지 지어진 어느 건물의 어느 청사진보다 훨씬 더 광범위하고 복잡하다는 점만 제외하면 한 건물을 위한 청사진과 비슷하다. 유성 또는 무성 생식을 통해, 유전자는 생명체 번식에 필요한 정보를 가지고 세대에서 세대로 전해진다.

유전학의 몇 가지 이해하기 쉬운 기본 원칙을 이해하는 것은 중요하다. 그래야만 우리가 이것을 인류에게 적용할 수 있다. 다윈의 진화론을 믿지 않는 사람들조차도 만약 우리가 오직 두 명, 아담과 이브의 자손이라면 어떻게 다른 피부색, 다른 눈 모양, 그 외에 또 다른 것들을 가진 모든 다른 인간 집단들이 생길 수 있는지에 대해 종종 당혹스러워 한다.

이제 우리는 몇 가지 기본적인 유전학 원리들을 이해하기 위해서 개들을 사용할 것이다. 그러면 어떻게 다른 인간 집단들이 발생했는지 이해하기가 쉬울 것이며, 우리가 인종차별주의와 편견을 다루기 위한 이해의 올바른 기초를 제공하는 데 도움이 될 것이다.

개/늑대는 19,300개의 유전자를 갖고 있다. 모든 동물처럼, 그들은 각 유전자마다 두 개의 복사본, 부와 모로부터 받은 하나씩의 복사본을 물려 받는다. 이것은 그들이 단지 정보를 유전 받았을 뿐만 아니라 엄청나게 다양한 정보도 유전받을 수 있음을 의미한다.

아래의 도표가 보여 주듯이, 단지 세 개의 서로 다른 유전자의 변화가 새끼에서는 다섯 가지의 다른 변화를 가져 오며, 더 많은 변형도 가능하다. 모든 가능한 유전자와 모든 가능한 조합을 고려할 때, 우리는 그 가능성이 무한하다는 것을 알 수 있다.

개의 변종

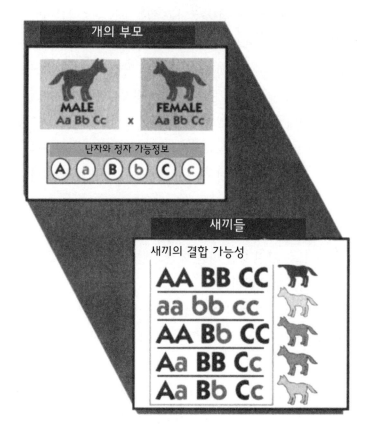

개의 부모

MALE
Aa Bb Cc

x

FEMALE
Aa Bb Cc

난자와 정자 가능정보

Ⓐ ⓐ Ⓑ ⓑ Ⓒ ⓒ

새끼들

새끼의 결합 가능성

AA BB CC
aa bb cc
AA Bb CC
Aa BB Cc
Aa Bb Cc

전체 우주에서 추정되는 원자의 수는 대략 1×10의 80승 개이다. 하지만 남성과 여성이 잠재적으로 낳을 수 있는 독특한 아이의 조합의 수는 그것보다 더 많다. 우리의 유전자에는 경이로운 가변성이 있다. DNA는 우주에서 가장 복잡하고 경이로운 저장 체계이다. 하나님이 우리의 DNA에 넣은 정보의 양을 생각할 때, 우리는 창조주에 대한 경외심으로 놀랄 수밖에 없을 것이며 그것은 상상을 초월 할 정도로 놀라운 것이다.

하나님이 아담과 이브를 위해 만든 유전적 암호는 완벽했다.

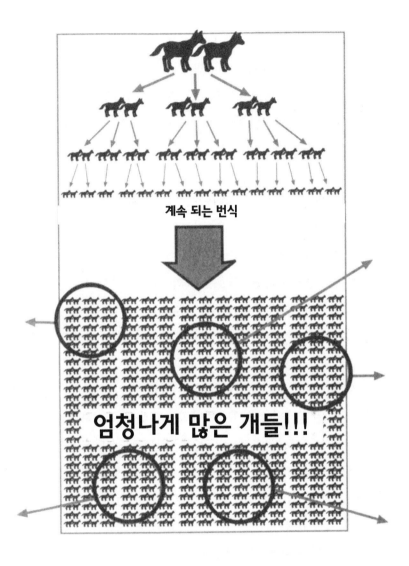

계속 되는 번식

엄청나게 많은 개들!!!

하지만 죄와 타락한 환경에서 살아가는 결과는 돌연변이를 초래했다. 돌연변이는 유전적 암호의 결함으로서 생명체가 원래 설계된 방식을 바꿀 수 있으며 또한 이러한 변화들은 종종 다음 세대의 자손에게로 전달되기도 한다.

DNA의 발견이 이해되기 시작하면서, 다윈주의자들은 진화가 어떻게 발생했는지에 관한 새로운 생각들을 만들어 내기 위해 애를 썼다. 더 이상 생명체에서의 변화가 단지 외부적인 요인 때문이라고 할 수 없다. 생명체가 변화하기 위해서, 그리고 그러한 변화들이 다음 세대로 전달되기 위해서는, 유전적 변화가 있어야만 한다.

다윈주의자들은 유전학에 대한 새로운 이해를 포함하는 새로운 이론을 지어내야만 했고, 그것을 자연선택, 서로 다른 환경에서 특정 종의 생명체가 더 잘 살아남도록 하는 과정에 대한 관찰과 어울리게 만들어야만 했다. 그들은 어떻게 이 경이로운 유전적 암호가 저절로 생성되었는지 설명하려고 했다. 만약 진화가 그들이 주장하는 대로 발생했다면, 암호 체계와 정보는 반드시 자연적인 과정에 의해 무생물계에서 발생했었어야 한다. 어떻게 이것이 가능할 수 있었는지에 대한 사실적인 시나리오는 한 번도 제시된 적이 없다.

진화론과 창조론 사이의 논쟁은 이제 새로운 국면을 맞게 되었다. 성경은 창세기 1장에서 하나님께서 동물과 식물을 만드셨을 때, 하나님은 그것들을 그들의 "종류"대로 만드셨다고 말한다. 그러나 다윈은 생명이 무기물에서 자연적 과정을 통해 발생했을 뿐만 아니라 수백만 년의 세월을 거쳐 한 종류가 완전히 다른 종류로 변화했다고 가정했다. 그는 어류가 양서류로, 양서류가 파충류로, 파충류가 조류로 진화했다는 것을 이론화했다. 그렇다면 문제는 이것이다: 유전적 돌연변이(genetic mutations)가 수백만 년에 걸친 자연선택의 과정과 더불어 한 종류의 생명체가 완전히 다른 종류로 바뀌는데 필요한 엄청난 양의 새로운 정보를 설명할 수 있는가?

돌연변이 : 친구인가 아니면 적인가?

유전적 돌연변이는 유전적 암호에 결함을 가져온다는 점을 지적하고자 한다. 돌연변이는 새로운 정보를 더 하지 않고, 단지 이미 있는 정보를 바꾼다. … 그리고 거의 모든 경우에 이런 돌연변이는 그 생명체에 이로운 것이 아니다. 어떤 돌연변이는 제한적으로 이로운 효과를 가지고 오기도 한다. 만약 강한 바람에 노출된 섬에 사는 딱정벌레가 날개가 없는 것을 야기하는 돌연변이를 갖고 있다면, 이런 딱정벌레가 바다로 날려가 빠질 확률이 줄어들 것이다. 비록 이 돌연변이가 현재 환경에서 딱정벌레와 그 자손에게 이롭다 할지라도, 날개를 만드는 DNA의 정보는 상실되었다. 이것이 분자에서 인간까지의 진화의 증거가 될 수 없다. 이런 돌연변이는 유전자 집합에 어떤 새로운 정보도 더하지 않는다.

여기서 지적할 또 다른 중요한 점은 대부분의 돌연변이가 유전 정보를 훼손시킨다는 것이다. 심각한 돌연변이를 가진 대부분의 동물들은 환경에서 "저절로" 살아남을 수 없고, 번식하기 전에 죽는다. 인간은 가축화한 동물에게 특별한 음식을 먹이고, 그들의 털을 자르고, 그들을 수의사에게 데려가 약이나 수술 받는 등의 방식으로 살아남게 할 수 있다. 하지만 자연 상태에서, 돌연변이는 거의 대부분 '분자에서-인간까지'의 진화가 요구하는 것과는 반대로 파괴적이다. 많은 돌연변이가 정보를 훼손시킬 뿐만 아니라 유전자 집합에서 가변성을 제거한다. 예를 들어, 최근에 발견된 유전적 돌연변이는 특정 품종의 개를 매우 작게 만든다. 이 품종의 개는 더 이상 크게 성장하지 않는다.[40] 만약 그 개가 다른 품종의 개와 다시

---

40. www.USAToday.com/tech/science/discoveries2007-04-06-mini-mutts_N.

교배하지 않는다면, 돌연변이에 의한 이 크기 제한은 다음 세대에 유전될 것이다. 이것은 모든 생명체에 적용된다. 인간을 포함한 생물체는 각각 다음 세대가 태어남에 따라, 이전 세대에서 온 돌연변이도 그 다음 세대로 유전된다. 6천 년이 지난 오늘, 지구상의 모든 동물과 인간의 유전자 집합에서 그런 실수들이 상당수 발견된다.

실제로, 유전적 돌연변이는 시간을 진화론의 친구라기보다는 적으로 만든다. 시간이 더 많이 지날수록, 유전자 집합에는 더 많은 유전적 돌연변이가 축적된다.

이것을 분명히 알아 두자: 돌연변이는 절대로 새로운 정보를 만들지 않고, 단지 이미 존재하고 있는 정보에 작용할 뿐이다. 이 사실을 학교에서 학생들에게는 알려주지도 않고 학생들이 이해하고 있지도 않다. 다윈주의 진화론이 입증되려면, 과거에 없었던 새로운 정보가 필요한데, 정보를 우리는 결코 볼 수 없다.

만약 당신이 이것을 일반 학교 교실에서 가르친다면 무슨 일이 일어날지 상상할 수 있는가? 내가 과거에 해 본 적이 있기 때문에, 무슨 일이 일어날지 말해 줄 수 있다! 나는 진화론에 대한 모든 사실을 발표할 자유가 있었던 때에 호주에서 생물학을 가르쳤다. 나는 자연선택에 관한 45분짜리 수업을 했고, 그 이후에 선생들이 나에게 와서 내가 다윈의 진화론을 지지하지 않는다는 이유로 나에게 소리를 질러댔다. 하지만 일단 유전학에 대한 기본적인 사실을—돌연변이가 새로운 정보를 만들어 내지 않는다는 것을— 학생들에게 가르치면, 학생들은 그것을 절대 잊지 않을 것이며 그 다음에 다른 선생님들이 새 정보가 만들어진다고 가르치면, 학생들은 의문을 제기할 것이다. 또한 추후에 어떤 사람이 자신들이 더 고도로 진화된 인종임을 주장한다면(KKK단처럼), 학생들은 그것이 거짓말이고 모든 인간은 평등하게 창조되었다는 점을 알게 될 것이다.

자연선택

자연선택은 특정의 동물들이 그들의 환경에서 살아남기에 적합하지 않기 때문에 유전자 집합에서 도태된 것을 관찰한 과정이다. 이 자연선택의 과정은 매우 잘 기록되어 있는데, 자연선택은 오직 매우 소수의 특성, 색, 크기, 비율, 기타 등 만을 제거하는 경향이 있다. 짧은 시간 안에, 유리한 유전자를 가진 생명체가 더 성공적으로 번식하고, 불리한 유전자는 번식 과정에서 도태된다. 유전자가 유리한지 불리한지는 바람이 많이 부는 섬의 날개 없는 딱정벌레의 경우처럼 환경에 달려 있다는 점을 기억해라. 이 결과로 어떤 동물의 특정 품종은 그들의 조상이 원래 유전자 집합에서 갖고 있었던 특성을 재생할 수 없게 된다. 이렇게 되면, 크기, 털의 길이, 눈색깔 등의 특징의 외형상의 다양성이 서로 다른 품종 간에 더 두드러지게 된 것을 보게 된다. 하지만 이것은 실제로 그들의 유전자 집합에서 다양성의 감소를 나타낸다. "순종"은 더 이상 그 품종이 원래 갖고 있던 다양성을 재생할 능력이 없게 된다.

이것이 '분자에서-인간까지'의 진화라는 측면에서의 진화를 말하는가? 그것은 아니다! 이것은 다윈주의 진화론의 정 반대이다. 아직도 많은 진화론자들이 이러한 유형의 다양성을 진화가 발생한 증거로 지적한다. 그리고 어떤 사람들은 그것을 편견과 인종차별주의를 정당화하는데 이용한다.

증거의 적절한 해석

만약 다윈식의 진화의 증거를 찾고 싶다면, 그것을 다윈의 집 근처인 영국 런던에서 찾기를 기대할 것이다. 세속 과학자들은 다윈을 매우 자랑스러워한다. 그는 많은 사람들에게 영웅이다. 런던 자연사 박물관 2층에는 다윈주의 진화론과 관련하여 가장 광범위한 전시관이 있다. 그것은 다윈을 위해서 세워진 일종의 기념비이다.

"종의 기원"이라고 이름 붙여진 표지판에는 다음과 같이 쓰여져 있다. "찰스 다윈 이전에는, 대부분의 사람들은 하나님이 모든 생명체를 오늘날 보이는 그 형태로 창조했다고 믿었다. 이것이 창조론의 기초이다." 다음 표지판은 이렇게 쓰여 있다. "하지만 다윈은 모든 살아 있는 것들은 오랜 시간을 거쳐 점진적인 발전 과정을 통해 오늘날 보이는 형태로 발전했다는 견해를 보였다. 이것이 바로 진화론이다."

이런 식으로 미국과 전 세계의 박물관과 교과서에서 진화론이 가르쳐지고 있다. 그들은 동물의 다양성에 관한 많은 예를 주고, 이 것이 '분자에서-인간까지' 진화의 증거라고 말한다. 유전학에서 찾을 수 있는 증거를 잘못 해석함으로써, 진화론자들은 단발적인 정보를 갖고 어떻게 생명들이 존재하게 되었는지에 대한 완전히 잘못된 그림을 그려내고 있다. 이 과정에서, 진화론자들은 창조론에 반대하여 소위 "허수아비(straw man)" 논쟁을 시작한다. 어떻게 학생들이 세뇌당하고, 프로그램되어서, 잘못 인도되고 있는지를 알 필요가 있다. 그들이 하는 것을 살펴 보자.

그들은 이렇게 말을 시작한다. "아, 창조론자들은 하나님이 모든 것을 오늘날 보이는 모양대로 만들었다고 믿는다. 하지만 우리는 이 전시에서 동물이 변한다는 것을 보여 줄 것이다. 동물들은 변하기 때문에, 창조론자들은 틀렸고, 창조론자들이 틀렸다는 것은 진화론이 옳다는 것을 의미한다."

하지만 잠깐! 과연 이것이 옳은가? 잘 교육받은 창조론자들이 모든 살아 있는 것들이 우리가 오늘날 보는 바로 그 형태로 창조되었다고 믿는가? 절대 아니다! 진화론자들은 창조론자들이 실제로 믿지 않는 것들을 믿는다고 말함으로써 "잘못된 전제"를 세웠다.

우리는 성경 말씀을 통하여 하나님께서 동물들을 그들의 "종류"대로 (개 종류, 고양이 종류 같은 "종류") 창조했다는 것을 안다. 하나님은 이 각각의 종류 내에서, 엄청난 다양성을 재생산할 수 있는 유전적 능력을 창조하셨다.

개를 예로 들어보자. 한 쌍의 개/늑대가 노아의 방주에서 내렸을 때, 이 개들은 짝짓기를 하고 재생산하기 시작했다. 그러다가 마침내, 개의 한 작은 그룹이 다른 그룹에서 분리되어 그들 스스로 다른 방향으로 갔다. 이렇게 하여 유전자 집합이 나뉘게 되고, 원래의 쌍에서 온 유전자와는 다른 조합을 갖는 개를 만들어 냈다. 어떤 유전자 조합은 그들이 이주한 특정 지역에서 더 잘 살아남을 수 있는 특성을 만들어 냈다. 예를 들어, 추운 기후에서는 두꺼운 털을 갖게 하는 유전자를 가진 개들이 가는 털을 가진 개들보다 더 잘 살아 남았다. 그래서 털이 많은 개들은 더 많이 살아남아서 그 유전자를 전했다. 짧거나 중간 길이의 털을 가진 개들은 날씨가 너무 춥기 때문에 멸종되는 경향이 있었다. 이윽고, 이 동물 집단에서는 두꺼운 털 유전자만 갖게 되고 얇은 털 유전자는 갖지 않게 되었다. 이 개들은 추운 지역에 특성화되고, 그들의 원래 조상에서는 볼 수 없었던 다양성을 보여 주게 된다.

이 특성화는 가는 털 유전자를 제거하는 자연선택을 통해 일어났다. 개의 새로운 품종은 그들을 태어나게 한 원래 종류보다 유전적 정보를 덜 갖게 되고, 따라서 가변성도 더 적게 갖게 되었다. 이것이 "자연 도태" 또는 "적응"이라고 불린다. 이것이 적자 생존이라기보다는 그 환경에 살아남기에 올바른 특성을 가진 자들의 생존이다. 그들이 그 환경에서는 적자(適者)일지도 모르나, 개라는 동물을 놓고 전반적으로 보았을 때 적자(適者) 개는 아닐 수 있다.

만약 똑같은 혈통을 공유한 동물이 오랜 시간 동안 떨어져 있다면, 그들이 더 이상 서로 교배할 수 없게 되는 것도 가능하다. 유전자 집합을 분리하고, 자연선택에 의해 특정한 특징을 감소시키고, 다른 종류의 돌연변이를 경험시키면서, 그들끼리만 교배가 가능한 그룹을 만들 수도 있다. 연구자들은 신중하게 유전적 돌연변이, 크기 차이, 행동 변화가 교배 격리를 가져올 수 있는지에 대한 가능성을 고려하고 있다. 하지만 이것이 다윈주의 진화론이 아니다! 이것은 종 전체적인 유전적 발전도 아니다. 이 청사진에는 어떤 새로운 정보도 더해지지 않았다. "새로운" 종은 더 적은 유전적 가변성과 변화하는 환경에서 더 적은 생존 가능성을 갖고 있다. 다른 품종을 만들어 내는 정보의 새로운 조합이 확실히 있다. 하지만 이것은 각 종류에 이미 존재하는 유전자 집합에 있는 정보를 통해서만 가능케 된다.

자연도태(자연선택)는 완전히 새로운 생명체를 얻기 위해 새로운 정보가 첨가되는 지속적이고 상향적인 과정은 아니다. 자연도태는 특정 유전자 집합에 이미 있는 정보에서 얻을 수 없는 완전히 새로운 특색을 창조할 수는 없다. 그것은 그 유전자 집합에 이미 존재하는 것 중에서만 선택할 수 있다. 특정 환경에 이롭지 않는 특징을 제거함으로써 종 내에서 혹은 종류 내에서 변화를 가져오는 것이다. 그것은 한 종류를 다른 종류로 바꿀 수 없다. 자연도태는 파충류를 조류로 변화시킬 수 없다. 파충류는 날개에 관한 정보를 갖고 있지 않다. 이 정보는 오직 조류만이 가지고 있다. 과거에 존재한 적이 없거나 완전히 새로운 것을 얻기 위해서는 완전히 새로운 정보가 있어야만 한다. 이 일이 일어나고 있는 것이 아니다. 자연 도태는 말하자면 쇠락해 가는 과정이다. (혹은 보존하는 과정이라고도 할 수 있겠다). 자연도태는 유전적 정보의 손실 그리고/또는 이전에 존재한 정보의 재분배를 가져오는 것이다.

하지만 공립학교의 교과서는 대체로 "다윈은 동물들이 변하는 것을 관찰했다. 오늘날 동물의 모든 다른 품종과 종을 보라." 젊은 이들은 그것을 읽고 "글쎄, 내가 생각하기에 그건 진화야. 모든 다양성과 변화를 봐. 야! 충분한 시간만 있으면 그런 종류의 작은 변화가 실제로 더해져서 분자로부터 인간으로의 진화로 가는 큰 변화가 될 수 있어."라고 말한다. 이것이 당신이 런던 박물관의 다윈 전시장을 걸을 때, 그들이 당신이 믿기를 원하는 발전이다. 그들이 말하는 것을 들었는가? 창조론자들은 하나님이 모든 것을 우리가 오늘날 보는 그 모양대로 만들었다고 믿는다. 반면에 다윈은 동물들이 변하는 것을 보았고, 우리가 변화를 관찰했기 때문에 창조론자들이 틀렸고 그러므로 진화론이 옳다.

우리는 그것이 완전 거짓이라는 것을 안다. 이것을 잘 알고 있는 창조론자들은 하나님이 우리가 오늘날 보는 모습과 똑같은 동물과 식물을 만들었다고 생각하지 않는다. 창조론자들은 하나님이 특정 종류의 동물들이 엄청난 다양성을 갖도록 재생산될 수 있게 창조하셨다고 이해한다. 또한, 원죄가 모든 것을 바꾸었고, 유해한 돌연변이가 처음 완벽했던 그 세계에 들어왔다. 돌연변이와 자연도태는 유전자 집합에 아무 것도 더할 수 없다. 그들은 그곳에 이미 있는 것을 제거하거나 변형시키기만 한다.

이것은 또한 몇 가지 의문점들에 대한 답변을 도와준다. 어떻게 노아가 방주에 각양 다른 품종의 동물을 모두 태웠을까? 그렇지 않았다! 그는 육지에 살며 공기로 호흡하고, 엄청난 유전적 가변성을 가진 각 종류의 한 쌍씩만 태울 필요가 있었다. 어떤 이들은 노아의 방주에 16,000마리 동물이 있었을 것이라고 하고, 또 다른 사람들은 1,000마리 정도라고 말한다. 세계의 환경은 대홍수 후에 그 전보다 훨씬 더 다양해지고 적응하기 힘들어졌을 것이다. 그리하여 자연 도태의 힘이 유전적 돌연변이의 효과와 개체에 이미 내재된 유전적 요인과 결합하여 특정 지역에 흩어져 살고 있는 특정 동물들의 유전자 집합을 축소하는 결과를 가져와서 우리가 오늘날 볼 수 있는 엄청난 수의 품종과 종 형성을 만들게 된 것이다.

동식물은 그들의 종류 안에서는 다양하게 변한다. 하지만 그들이 어떻게 한 종류에서 다른 종류로 변하는지에 대한 어떤 증거나 설명은 할 수 없다. 유전적 돌연변이가 절대로 새로운 정보를 첨가할 수 없고 자연 도태의 과정은 단지 정보를 제거하기만 하기 때문이다.

비자연선택

자연에서는, 환경적인 문제와 그 외의 다른 요인이 영향을 미쳐서 특정한 유전자를 가진 어떤 생명체가 살아남을지를 결정해 준다. 하지만 인간은 어떤 특색을 제거하고 다른 것을 강조하기 위해서 어떤 동물을 서로 교배시킬 것인지 의도적으로 제한할 수 있다. 이것은 인공선택(artificiel selection)이라고 불린다. 그리고 이 과정은 4300년 전 대홍수 이후로 가축 품종의 엄청난 다양성을 발달시켰다.

개/늑대 조상과 비교할 때, 그 품종 중 많은 것이 굳이 이야기하자면 거의 가치가 없다. 그들의 유전자 집합은 대략 1mm 깊이이다. 이 주제에 관해 말할 자격이 나에게 있다. 나는 집에 이 돌연변이 중 하나를 기르고 있다. 그는 귀여워 보일지도 모르지만 유전학은 내가 항상 그에 대해서 했던 말을 확인시킨다. 나는 그를 "원죄와 저주의 영향을 받아 퇴화된 돌연변이"라고 부른다. 문제는 우리 가족은 그를 "민티(Mintie)"라고 부른다는 것이다. 그리고 이 돌연변이는 자신이 이 집의 여왕이라고 생각한다. 자신이 이 집의 주인인 것처럼 활보하고, 종종 거실의 내 의자에서 잠을 잔다 (내 가족들이 이 글을 읽은 후에, "개 집으로 쫓겨 나야 할 사람은 내가 될 것이다." 내가 우리 집의 작은 개를 사람들이 과학과 성경을 이해하는데 사용할 수 있다면, 확실히 우리 개 민티는 영웅이 될 것이다.)

민티는 다른 모든 개의 품종과 마찬가지로 오랜 기간 동안, 아마도 프랑스나 독일에서, 700년 전이나 그 보다 더 오래 전부터 교배된 개의 품종인 비숑 프리제이다.[41] 우리는 하나님이 본래의 개를 창조했고 비숑 프리제와 푸들은 하나님이 원래 개에게 만들어 주신

---

41. L. Gilbert, Pet crests, 〈www.petcrest.com/poodlehi.html〉, April 1, 2003; Standard Poodle, ThePuppyShop.com, 〈www.puppydogweb.com/caninebreeds/poodles.htm〉, April 1, 2003; The American Kennel Club, *The Complete Dog Book* (New York: Howell Book House Inc., 1979), p. 609-617.

정보를 이용해서 사람이 개발한 것이라고 말할 수 있다. 그러므로 어떤 의미로는 하나님께서 비숑 프리제와 푸들을 만들었다고 말할 수도 있을 것이다. 이 두 품종의 개에 필요한 완벽한 정보를 하나님께서 애초에 에덴 동산에 있었던 개를 위해 창조하셨다는 점에서 말이다. 하지만 솔직해지자, 우리 집을 지배하고 있는 이 귀여운 작은 보송보송한 동물이 유전적으로 더 개량된 것은 아니다. 그것은 타락과 원죄의 영향으로부터 고통 받고 있는 돌연변이일 뿐이다. 우리 민티는 돌연변이가 털갈이에 영향을 주었기 때문에 매달 털을 깎아 주어야 하고, 방광 결석에 걸리기 쉬워서 매우 비싼 수술을 받아야만 했다. 민티는 현재 값비싼 처방 음식을 먹고, 정기적으로 에스트로겐 약을 먹어야 한다. 나는 개를 위한 건강 보험에 들을까 생각 중이다! 집에서 기르는 동물에게 나타나는 돌연변이에 의한 신체적인 문제는 매우 광범위하다. 예를 들어 푸들에 나타나는 몇 가지 문제들을 살펴 보자.

미니어쳐 푸들 문제점 : 선천적 (그리고 후천적 결함들)

연골 형성 부정 (비정상적으로 짧은 다리를 만드는 연골 문제)
성인기 발증형 GH 결핍
흑내장성 백치
아토피성 피부염
비정형 판누스
행동 이상
암

뇌척수 탈수초

선천성 결손

잠복 고환

쿠싱병

시스틴뇨 (심장 판막 기능 이상)

첩모 중생 (이중 눈썹)

귀 감염

외피 결함 (피부병)

이소성 뇨관

안검내반증 (눈꺼풀이 안으로 말림)

간질

유루증 (과도한 눈물)

골단 이형성증 (강아지의 뒷다리 관절 약화)

녹내장

무모증

주(晝)맹증

A형 혈우병, 항혈우병인자 결핍 (장기적 출혈, 출혈증)

요도하열

갑상선 기능 저하증

추간원판 퇴화 (척추문제)

청소년 백내장

누관 폐쇄증

페르테스병

수정체 포도막염

소안구증

치아 손실

기면증

비구성 용혈성 빈혈

시신경 형성 부전

골 형성 부전증

무릎골 탈구

동맥관 개존증 (대동맥과 폐동맥 문제)

잔류음경 주름띠

진행성 망막 위축증 (느린 망막, 장님이 됨)

진행성 망막 간상체−추상체 이상형성

가성반음양증

PK결핍

신장 형성 부전증

망막 위축증

망막 박리

로버트슨 전좌

첩모난생증

폰 빌레브란트병 (혈관혈우병)

비숑 프리제와 푸들은 모든 가축류 품종처럼 하향 품종 개량의 산물이다. 그들은 단지 개의 유전자로부터 발전되었을 뿐 아니라 개 유전자의 저주받은 복제본으로부터 발전된 것이다! 유감스럽지만 민티와 같은 개는 저주의 결과이다! 내가 집에 도착할 때면 내 애완견 비숑 프리제는 나를 맞이하기 위해 문으로 달려 나오는데, 그 때마다 나의 죄가 생각 난다. 아담 안에서 나는 죄를 지었고 타락을 이끌어 내었던 것이다(집사람은 나를 미친 사람이라고 생각할지도 모르지만 나는 여기서 중요한 점을 설명하려고 한다). 하나님께서 모든 창조물이 "보기에 매우 좋다"고 선언하신 후에, 아담이 원죄를 지었고, 이로 인해 모든 창조물이 저주를 받았다. 모든 것이 쇠퇴하기 시작했고, 무한하신 창조주가 만물을 지탱해 주시는 힘에 의해 더 이상 완벽하게 유지될 수 없었다. 우리가 비자연적으로 특정한 특성을 선택하여 "순종"을 만들어 낼 때, 우리는 새로운 것을 창조한 것이 결코 아니다. 사실상 우리는 하나님이 본래 종류대로 창조하신 다양성을 걸러 내고 해로운 돌연변이는 전달하는 것이다. 사람이 푸들과 푸들을 교배시킬 때(왜 사람이 이것을 하는지는 이해하기 어렵다), 슬프게도 오직 푸들만이 태어난다! 어떤 면에서, 푸들은 개로서는 거의 갈 때까지 다 간 품종이다. 다른 품종으로 개발될 여지가 전혀 남아 있지 않다. (적어도 내 견해에서는 개로서 가치 있는 것은 없다!) 만약 늑대로 시작해서 개의 여러 세대를 교배시킨다면, 제대로 된 염기 순서로 똑같은 종류의 돌연변이가 생기도록 올바른 조합으로 교배를 시키면, 이론적으로 푸들의 특성을 가진 개를 낳게 할 수 있다. 하지만 푸들에서 늑대는 절대로 낳게 할 수 없다. 이는 늑대에 대한 필수적인 정보가 부패되었거나 삭제되었기 때문이다.

우리가 개의 세계에서 볼 수 있는 모든 다양성에도 불구하고, 성경과 최고의 과학적 연구는 그들이 모두 하나의 특정한 종류, 개 종류의 후손이라는 점을 보여 주고 있다. 이것이 정확한 성경적 관점이며, 창조 이야기, 노아, 방주, 대홍수에 관한 단도직입적인 해석이 되는 것이다. 2002년 11월 22일 《싸이언스(*Science*)》지에,

과학자들은 이미 잘 알려지고 용인된 어떤 것을 재확인했다.[42] 모든 개(늑대에서 딩고로, 그리고 푸들에 이르는 모든 개)는 서로 밀접하게 연관되어 있고, 모두 한 쌍의 조상의 후손이라는 것이다.

가축 개의 유래가 늑대라는 것이 이미 확립된 사실이다. 우리는 전 세계의 모든 주요 개를 대표하는 654종의 미토콘드리아 DNA(mtDNA)의 배열을 검사했다. … 단일 유전자 집합이 모든 개의 공통적 기원이라는 것을 암시하는 것이었다.[43]

2kg짜리 티컵 푸들, 90kg짜리 마스티프, 호리호리한 그레이하운드, 땅딸막한 잉글리쉬 불독, 단일한 종에서도 개는 다양한 모양과 사이즈가 있다. 더욱 놀라운 것은 이 다양한 개들이 모두 하나의 혈통으로부터 왔다는 것이다. … 개와 코요테나 자칼, 또는 다른 개 종류들 사이에는 아주 미묘한 차이만 있기 때문에, 개 종류의 가계도를 만들기 어렵고, 또한 늑대에서 개로 전이된 시점을 정확히 찾아내기는 어렵다.

만약 모든 개가 똑같은 유전자 집합을 공유한다면, 얼마나 다양한 종류의 개가 있을 수 있는가? 오직 한 종류의 개만이 있다. 당신은 한 종류(kind) 내에서 다른 종(species)을 갖을 수 있게 되는

42. E. Pennisi, "A Shaggy Dog History," *Science* 298 (5598), November 22, 2002: p. 1540-1542.
43. P. Savolainen, Y.P. Zhang, J. Luo, J. Lundeberg, and T. Leitner, "Genetic Evidence for an East Asian Origin of Domestic Dogs," *Science* 298 (5598), November 22, 2002: p. 1610-1613.

것이다. 그렇지 않은가? 하지만 그들은 여전히 개이다. 성경적 관점에서 볼 때, 이것은 그들이 모두 같은 종류 (우리가 창세기 1장에서 10번 읽은 하나님이 "그들의 종류에 따라" 창조하신 그 종류) 내에 있다는 것을 의미한다. 민티와 같은 가축류 개는 환경이나 다른 요소가 선택한 것이 아닌 사람이 인공적으로 선택하여 만들어 내었다. 그리고 우리 집에서 기르는 개의 대부분의 경우와 마찬가지로 그들을 우리가 좋아하는 돌연변이(기본적으로 "실수")를 선택한 것이다.

요약

우리는 이 장에서 다윈주의에 관한 많은 내용을 다루었다. 간단히 요약하고 왜 이것이 인종차별주의에 관한 우리의 토의에서 그렇게 중요한지 보여 주겠다.

1. 자연선택은 유전자 집합에 이미 존재하는 정보에 대해서만 작용할 수 있다.
2. 진화론에 편향된 교육을 받은 대부분의 학생들은 돌연변이와 자연선택이 오랜 시간이 지나면 한 종류를 완전히 다른 종류로 바꾸는 결과를 가져온다고 믿게 된다. 돌연변이가 유전자 집합에 새로운 정보를 더하지 않는다는 사실은 거의 가르쳐지지 않는다. 우리가 지금껏 관찰한 것은 종류내에서의 변화이다. 과학은 한 종류에서 다른 종류로의 변화를 관찰한 적이 없다. (다음 페이지의 차트를 보라.)

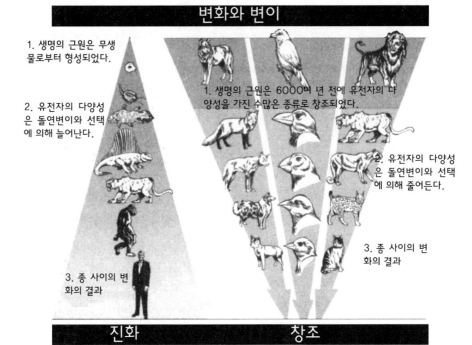

변화와 변이

1. 생명의 근원은 무생물로부터 형성되었다.

2. 유전자의 다양성은 돌연변이와 선택에 의해 늘어난다.

3. 종 사이의 변화의 결과

1. 생명의 근원은 6000여 년 전에 유전자의 다양성을 가진 수많은 종류로 창조되었다.

2. 유전자의 다양성은 돌연변이와 선택에 의해 줄어든다.

3. 종 사이의 변화의 결과

진화　　　　　**창조**

변화가 있었는가? 그렇다. 변화는 있었다. 그러나 어떤 종류의 변화였는가? 우리가 관찰한 바에 따르면 어떤 것이 더 논리적인, 또는 더 이성적인 논리의 귀결이 될까: 하나의 종에서 다른 종으로의 무제한적인 변화인 진화인가? 아니면 종 내에서의 제한적인 변화인 창조인가?

3. 시간이 흐르면, 돌연변이와 자연선택은 유전적 정보의 손실을 가져온다. 존스 홉킨스 대학의 연구원이었던 생물리학자 리 스펫트너(Lee Spetner) 박사는 "분자 수준에서 연구된 모든 돌연변이는 유전적 정보를 감소시킬 뿐 증가시키지 않는다고 판명하였다. … 게놈(genome)에 작은 정보라도 정보를 더하는 돌연변이는 관찰된 것이 없다.[44]

4. 유전자 집합에 새로운 정보를 첨가할 수 있는 자연적 기제는 하나도 없다. 파충류가 조류로 변화하기 위해서, 엄청난

---

44. Lee Spetner, *Not by Chance* (New York: Judaica Press, 1998), p. 138, 159-160.

양의 새로운 정보가 유전자 집합에 도입되어야 한다 (예를 들어, 깃털을 만드는 방법에 관한 정보 같은 것).

5. 자연선택과 돌연변이는 유전적 정보를 증가시키는 것이 아니라 신체적 다양성을 가져 온다. 게리 파커 박사는 그것을 『창조: 생명의 사실(*Creation: Facts of Life*)』이라는 책 2장에서 이렇게 서술했다.

진정한 진화(대진화)는 어떤 것이든 유전자 집합의 확장을 요구한다. 즉, 한 생명체가 간단한 시작에서 점차 더 다양하고 복잡한 형태로 옮겨가기 위해서는 새로운 유전자와 형질이 첨가되어야 한다. 말하자면 "분자에서 인간"으로 또는 "물고기에서 철학자"로의 전이 같은 것이 일어나려면 말이다. 유전자를 교환하곤 했던 파리의 어떤 종들이 더 이상 상호 교배하지 않는 섬이 있다고 가정해 보자. 이것이 진화의 증거인가? 아니다, 실제로는 그 반대이다. 격리 생식에서 생산된 각각의 품종은 원래의 것보다 더 작은 수의 유전자 집합을 갖게 되며, 새로운 형질의 조합으로 새로운 환경을 탐험하거나 원래의 환경에 일어난 변화에 대처하는 능력이 제한되게 된다. 이러한 변화의 장기적인 결과는? 진화가 되기보다는 멸종될 가능성이 더 많아 보인다.

자연선택과 돌연변이에서 관찰된 변화는 진화론이 작용했다고 보기에는 반대의 증거들이다. 과학자들은 이것이 사실이라는 것을 알지만 슬프게도 그것은 널리 발표되지도 않고, 학교나 대학에서 학생들에게 설명되지도 않는다.

결론

자연선택이라는 개념에 있어서는 다윈이 옳았다. 우리는 살아 있는 것들에서 작은 변화를 실제로 관찰한다. 하지만, 이제 우리가 유전학과 생화학을 더 이해하기 때문에, 우리는 자연선택과 돌연변이의 과정이 새로운 종류의 동물과 식물을 절대로 형성할 수 없다는 것을 안다. 이 과정들은 오직 동일한 종류 내에서 더 많은 다양성과 품종을 야기할 뿐이다. 개는 항상 개를 낳고, 고양이는 고양이를 낳고, 코끼리는 코끼리를 낳고, 유인원은 유인원을 낳는다. … 그리고 인간은 항상 인간을 낳아 왔다. 이것이 이 논의의 끝인 것이다!

지금까지 살펴 본 것은 다윈주의 진화론의 가능성을 무너뜨리고 인종차별주의의 잡초를 뿌리 뽑는다. 이 증거에 대한 적합한 해석은 인류(그리고 모든 살아 있는 집단)는 다양성과 통일성 위에서 번성하며 강요된 획일성에 의해서는 약화된다는 것을 명확히 한다는 것이다. 우리가 어떤 형질을 다른 것보다 더 가치 있는 것으로 비자연적으로 선택할 때, 우리의 문화, 유전자 집합, 사회, 그리고 이 세상의 다양성의 필요를 무시하는 것이 된다. 한번 생각해 보라. 성경이 말하고 있는 것처럼, 우리의 피부색, 뼈의 길이나 얼굴의 윤곽이 어떻든 간에 우리는 모두 한 종류, 하나의 생물학적 종이다. 우리는 같은 혈통과 조상을 공유한 형제 자매들이었고, 앞으로도 그럴 것이다. 다음 장에서 우리는 이 장에서 개괄한 유전학의 기본적인 원칙을 이용해서 어떻게 하나의 인간 종족 내에 여러 다른 인간 집단이 존재하는지를 설명할 것이다. 그리고 최종적으로 생물학적으로 다른 여러 인간 종족은 없고 단지 하나의 종족 안에 다른 집단이 있을 뿐이라는 것을 보여 줄 것이다.

다윈이 신학을 공부했고, 스탈린이 사제 수업을 했으며, 히틀러가 죽을 때까지 등록 교인이었다는 사실을 알고 있는가? 심지어 중국의 모택동도 서구 선교사의 활동 기간에 살았었다. 하지만 비극적으로, 이들은 모두 진리를, 성경을 거부했고, 이것이 역사상 가장 큰 인종 청소 정책을 가져왔다. 그들은 자신들이 바람직하다고 생각한 임의적인 특징을 비자연적으로 선택하고 다르다고 여겨지는 특징들을 제거하려고 시도했다. 그들은 자신들의 기준으로 인간 유전자 집합에서 가치가 있다거나 가치가 없다고 생각한 것을 걸러냈다. 그리고 이 과정에서 수백만 명의 사람이 죽었다.

이들이 모든 진리의 유일한 근원을 믿기만 했다면, 그리고 우리 인간의 공통의 기원이 지혜롭고 능력 있는 창조주로부터 나왔다는 것을 믿기만 했더라면 아주 다른 일이 벌어졌을 것이다. 그들이 갖고 있던 견해와는 전혀 다른, 모든 인류가 한 종으로 함께 살아갈 성경적인 철학을 받아 들였을 것이다. 우리 모두가 하나의 혈통이라는 과학적이고 성경적인 사실을 받아 들일 때 우리가 하나의 인류라는 종으로 살아갈 수 있는 것처럼 말이다.

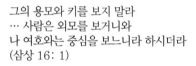

제4장
인류라는 종

켄 햄

그의 용모와 키를 보지 말라
… 사람은 외모를 보거니와
나 여호와는 중심을 보느니라 하시더라
(삼상 16: 1)

나와 내 아내가 '창세기의 해답(Answers in Genesis)'이라는 창조 사역을 확장하기 위해 하나님의 부르심을 따라 미대륙으로 온 것이 이미 수 년 전 일이다. 처음에는 일시적인 믿음의 기분전환 정도로 생각하고 차 트렁크와 우리 집의 현관 베란다에서 일을 시작했다. 이제 이 사역이 우리가 꿈도 꾸지 못했던 것 이상으로 커져버렸다. 하지만 나의 강한 호주식 발음이 말해 주듯이 나는 여전히 마음속 깊이 호주인이다. 어떤 사람을 그의 고향에서 데리고 올 수는 있지만 그 사람의 마음에서 고향을 잊게 하기란 어려운 일이다. 호주는 야성적인 아름다움과 특이한 생물학적인 다양성을 가진 나라이지만 수천 수만의 무고한 사람들의 피로 얼룩진 나라이기도 하다.

1924년 《뉴욕 트리뷴(*New York Tribune*)》지는 "석기 시

대인이 호주 섬에서 발견되다–역사 초기 인류와의 연결고리"라는 헤드라인을 달았다. 그들은 타스마니아 섬(Tasmania Island)에 살았던 호주 원주민 인간집단에 대한 기사였다. 이 원주민들은 유럽인들이 처음 이 땅에 발을 디뎠을 때부터 이들로부터 오해를 받고, 학대당하였으며, 살륙당했다. 그 호주 원주민들이 과학적인 연구 가치가 있는 것처럼 보이자 영국과 독일에서 온 생물학자들은 그들을 연구용 표본으로 사냥하기 시작했다. 많은 원주민들이 늪지로 내몰린 뒤 총을 맞았다. 사냥꾼들은 전 세계에 있는 박물관에 전시하기 위한 표본을 만들기 위해서 어떻게 그들의 피부를 벗기고 두개골을 준비하는지에 대한 방법을 지시 받았다. 이 모든 것이 진화라는 이름으로 행해졌다. 몇몇은 산 채로 잡혔고 몇몇은 살해되었고, 많은 무덤들은 도굴되었다. 어림잡아 오천에서 만 개의 무덤이 연구를 위해 원주민의 유해를 찾는 과학자들에 의해서 훼손되었다.

아주 최근까지도 호주정부는 호주 원주민이 비원주민과 결혼하여 낳은 자녀는 호주원주민 부모보다 더 진화된 것으로 간주하는 정책을 가지고 있었다. 따라서 그런 어린이들은 강제로 부모에게서 데려다가 양부모 가정에서 자라게 했다. 이것은 아주 비극적인 호주 역사의 일부분이다.

오늘날에도 호주에서는 좀더 나은 미래로 발달하기 위해서 과거의 인종차별주의의 상처를 치료하기 위한 전쟁을 치르고 있다. 다윈의 진화론이 대중화 되기 전인 1800년대에 대부분의 사람들은 "인종"이란 단어를 "영국인", "아일랜드인" 등의 무리를 나누기 위한 의미로 사용하였다. 하지만 1859년 찰스 다윈이 『종의 기원』이라는 그의 책을 출판하자 이 모든 것은 변했다. 대부분의 사람들은 그 책의 부제가 "혜택을 받은 종의 보존과 생명의 투쟁"이란 것을 모른다. 『종의 기원』에서 다윈은 특별히 인간을 지목하지는 않고 일반적으로 동물의 진화를 이론화했다. 역사적으로 그 시기에는 많은 사람들이 성경을 믿고 있었기 때문에 그는 아마도 동물의 진화론을 제시하는 것만으로도 충분히 급진적이라고 생각했던 것 같다. 그래서 인간의 진화에 대한 생각을 몇 년 동안 묵힌 후인 1871년 인간에게도 진화론적인 이론을 접목시킨 『인류의 기원』이라는 책을 저술했다. (하나님에 대한 신랄함과 자신이 초기에 갖었던 신앙을 부인한 것을 보면, 실은 이 책이 그가 애초에 쓰고자 했던 내용인 것 같다.)

『인류의 기원』에서 다윈은 여러 인종들에 대한 그의 생각-즉, 하류인종, 상류인종, 원시인종, 진화인종 등-을 대중화시켰다. 그가 한 일은 무엇일까? 지금은 작고한 하바드 대학의 스티븐 굴드 (Steven J. Gould)가 말한 것 같이, "인종차별주의를 지지하는 생물학적 주장들이 1859년 이전에도 흔하긴 했지만, 진화론을 수용하게 된 이후로는 수십 배의 강도로 증가되었다."

진화론이 인종차별주의의 원인이라는 생각은 갖지 말자. 죄악이 인종차별주의의 원인이다. 하지만 다윈의 진화론은 특정 형태의 인종차별주의를 부추겼는데, 이는 차별, 학대, 심지어는 대량학살을 정당화하기 위하여 진화론을 사용하여서 자신들의 무신론적인 철학을 추구하도록 하는 과학적인 변명거리를 제공한 것이다.

다윈의 진화론은 본래부터 인종차별주의적 철학체계였고 지금도 역시 그러하다. 그것은 다른 집단 또는 "인종"이 다른 시간과 속도로 진화해 왔다고 말한다. 진화론에 따르면 어떤 집단은 다른 그룹보다 그들의 원숭이 같은 조상과 더 비슷하거나 가깝다고 한다. 이러한 신념이 자연스럽게 확장되어 호주 원주민들은 유인원과 같은 인류의 조상과 인류간의 잃어버린 연결고리로서 간주되었다. 이런 식으로 앞서 언급된 끔찍한 편견과 불의에 연관이 된다.

우리가 벌써 언급했듯이 진화론적 사고에 의해 힘을 얻은 인종 차별주의 태도가 오타 벵가가 받은 비인간적인 학대에 대한 큰 책임이 있다. 그는 노예로 팔려서, 미국으로 끌려와서 반인간 / 반원숭이라는 꼬리표를 달고 전시되기 위해 브롱스 동물원에 있는 오랑우탄과 함께 우리에 갇혔다.

버지니아(Virginia) 주의 린치버그(Lynchburg)에 있는 그의 무덤에는 그의 자살을 암시하는 묘비문이 있지만 그의 죽음으로 무언가 깨달은 사람은 극히 소수에 불과하다. 다윈의 농장의 뿌리는 급속도로 확산되어, 몇몇 과학자들의 철학뿐 아니라, 교과서와 학교에도 자리를 굳혀서 이 사회의 나이 어린 구성원들이 다윈주의 철학을 주입 교육을 받게 되었다. 이것이 미국에서 사람들의 사고에 어떤 영향을 미쳤을까? 스코프(Scopes)의 재판이 있었던 1925년에 이미 인종차별주의가 생물 교과서를 통해 매우 분명하게 미국의 공립학교에서 교육되고 있었다. 스코프의 재판이 있었던 테네시(Tennessee) 주 데이톤(Dayton) 시에서 미국 전역에서 사용되고 있던 생물 교과서가 사용되고 있었다. 조지 윌리암 헌터(George William Hunter)가 쓴 교과서인 『공중 생물학 연습(*A Civic Biology Presented in Problems*)』에서, 저자는 다음과 같이 노골적으로 진술하고 있다:

"인류의 종족. 현재 지구상에는 다섯 개의 종족이 존재한다. … 가장 높은 종족은 유럽과 미국에 거주하는 문명화된 백인들로 대표되는 코카시안(Caucasians)이다."[45]

1925년까지 미국의 대다수의 학생들은 코카시안이 가장 높은 종족이라고 교육받았다. 성장하여 사회와 교회의 지도자들이 된 어린 세대들에게 이것이 어떤 영향을 미쳤겠는가? 이런 생각의 씨앗들이 궁극적으로는 KKK(Ku Klux Klan)나 기독정체성운동(Christian Idnetity Movement)에 가입한 사람들의 마음에 어떻게 뿌리를 내렸는지 아는가? 다윈의 진화론의 결과로서 많은 사람들이 전 세계의 여러 인간 집단을 다른 "인종"으로 대표하는 것으로 생각하기 시작했으나, 그 용어는 진화론적인 철학 체계에서는 다른 의미를 갖게 되었다. 이것은 의식적으로든지 무의식적으로든지 오늘날 많은 사람들이 특정한 다른 사람 집단에 대해서 뿌리깊은 편견을 갖게 하는 결과를 초래했다. 이것이 다윈의 농장의 열매 중의 하나이며 아무에게도 놀랄 일이 아니다.

진화론은 거짓이다. 에덴동산에서 사탄이 거짓말로 이브를 유혹하여서 죄악과 죽음을 불러 온 것처럼 진화라는 속임수도 동일하게 죄악과 죽음을 초래할 뿐이다.

거짓의 폭로/ 진실 되찾기

동물 종류에서 볼 수 있는 여러 종의 형성과 변화를 정확하게 이해할 때 당신은 우리가 어디에서 기원했는지에 대한 진실을 깨닫

---

45. George William Hunter, *A Civic Biology Presented in Problems* (New York: American Book Company, 1914), p. 196.

게 될 것이다. 유전학, 자연선택과 진화론의 단순한 이해를 통해서 다윈주의가 무엇인지가 드러났다. 즉, 다윈주의는 부정확하고 불완전한 과학적 정보에 기초한 시대에 뒤떨어진 생각이며, 많은 사람들이 사실로써 받아들여온 잘못된 이론이다. 또한 인간이라는 종족 내에서 차별과 분열을 일으키는 인종차별주의자들의 철학이다.

우리들은 이미 성경이 다른 "종류"의 동물의 형성에 대해서 무어라고 말하는 지를 알고 있고 성경이 말하는 것이 진실이라는 것을 증명할 수 있는 유전적인 증거들을 보았다. 자, 이제 지난 장에서 배운 유전학적 원리를 적용하면서 "인간 종족"에 대해 더 구체적으로 들여다보자. 과학과 성경이 소위 "인종"에 대해서 무엇을 말하고 있는가?

과학이 말한다

모든 창조주의자들은 (실제로는 모든 진화론자들도) 소위 말하는 다양한 "인종"이 서로 다른 기원을 갖지 않는다는 것에 동의할 것이다. 인간이 진화되었다고 믿는 사람들조차도 각각의 인종이 서로 다른 동물집단으로부터 진화되었다고 믿지는 않는다. 하지만 대부분의 사람들은 이 인간집단들 간에는 너무나 큰 차이가 있어서 이 차이들이 발현되려면 수많은 세월이 있어야 했다고 믿고 있다.

우리는 아주 흥미로운 시대에 살고 있다. 우리를 인도해 줄 하나님의 말씀이라는 진리가 있을 뿐 아니라 하나님의 말씀이 이제까지 우리에게 말해왔던 것이 무엇인지를 확인시켜 주도록 과학을 통해 급속도로 증가하고 있는 정보도 갖고 있다. 하지만 오래된 생각들은 없어지기 어렵다. 새로운 생각들은 새로운 사고를 요구하는데 때로는 우리의 믿음과 행동을 변화시켜야만 하는 의식적인 선택을 필요로 하기도 한다. 인종차별주의의 문제에 있어서는 바로 이런 선택이 필요하다.

어떠한 것도 표면에 나타난 모습 그대로 단순한 것은 없다. 하지만 우리는 인간으로서 우리가 볼 수 있는 것에 기초하여 사물을 분류하고 판단하려고 하는 경향이 있다. 이런 경향이 사람들의 피부색에 관한 문제에서처럼 분명하게 드러나는 분야는 없다. 사람들이 다른 사람들로부터 자신을 구별하기 위해 사용하는 수많은 특징들 중 피부색이 아마도 성별 다음으로 가장 중요한 특징 중의 하나이다. 피부색은 사람들을 소위 "인종차별주의적"으로 분류하는 첫번째 특징이다. 우리는 "예수님께서 세상의 작은 자를 사랑한다. 그의 눈에는 홍인종이나 황인종, 흑인종과 백인종 모두 사랑스럽다."라고 노래한다.

이것은 사랑스런 노래이지만 실제로는 과학적으로는 완전히 부정확하다. 물론 예수님께서는 우리 모두를 사랑하시지만, 믿거나 말거나, 모든 사람들은 기본적으로 똑같은 색을 갖고 있다.

모든 사람들은 피부에 똑같은 기본 색소를 가지고 있다. (피부색에 관해서는 덜 중요한 색소들도 있다); 그것은 "멜라닌(melanin)"라고 부르며 기본적으로는 갈색이다 (이 색소에는 몇 개의 형태가 있다). 멜라닌은 자외선으로부터 오는 피부손상을 보호한다. 만약 당신이 너무 적은 양의 멜라닌을 갖고 햇빛이 많은 환경에서 산다면 당신은 더 쉽게 피부화상이나 피부암을 앓게 될 것이다. 만약 당신이 멜라닌이 풍부하게 있으면서 햇빛이 너무 적은 지역에서 산다면 당신의 몸은 충분한 양의 비타민 D를 합성하는데 훨씬 힘이 들 것이다. 당신의 신체는 비타민 D를 합성하는데 햇빛을 필요로 하고 멜라닌이 햇빛을 여과시킨다. 만약 당신이 충분한 양의 비타민 D를 얻지 못한다면 당신은 구루병 같은 골질환을 앓게 될 수도 있다.

어떤 사람들은 멜라닌 합성을 할 수 없는 유전적인 돌연변이를 앓는 경우도 이러한 돌연변이를 가진 사람들을 "알비노(albinos)"라고 부른다. 자외선으로부터 자연적인 보호막이 없기 때문에 이러한 사람들은 피부화상과 여분의 방사선에 극도로 취약하다.

우리는 유전적으로 고정된 양의 멜라닌을 갖고 태어나는 것이 아니라, 특정한 양을 생산할 수 있는 유전적으로 고정된 가능성을 갖고 태어났다. 각 사람에게서 멜라닌의 양은 햇빛의 양에 따라 증가하는데, 어떤 사람들은 다른 사람들보다 햇빛에 더 많이 반응한다. 바로 이런 이유 때문에 같은 양의 햇빛에 노출되었을지라도 어떤 사람들은 다른 사람들보다 더 많이 타는 경향이 있다.

놀랍게도 우리 모두는 같은 양의 색소 세포를 가지고 출발한다. 당신의 피부 안쪽 층에 있는 줄기세포와 "멜라노사이트(melanocytes)"라고 부르는 다른 세포들은 멜라닌 입자들을 가지고 있다. 줄기세포들은 자신의 세포의 핵을 보호하기 위해서 멜라닌 입자들을 뜯어낸다. 일단 이 세포가 피부 표면으로 이동하여 피부세포가 되면 그것은 멜라닌을 상실해서 피부가 더 밝아지게 한다(대개 그러한 사람들을 "백인"이라고 부른다). 만약 더 많은 멜라닌이 피부세포로 이동하게 되면 피부는 더 검게 된다(대개 그러한 사람들을 우리는 "흑인"이라고 부른다).

몇 가지 다른 형태의 멜라닌을 갖을 수도 있다. 만약 당신이 빨간 머리라면 당신은 어떤 형태의 멜라닌이 없는 경우이며, 이런 색소중의 하나가 부족하면 피부암에 더 쉽게 걸릴 수 있다(당신의 피부세포들의 핵을 보호하는 기능이 부족한 것이다). 이것이 왜 당신이 햇빛에 타는 것에 대해 아주 많이 조심해야만 하는 이유이다. 다른 요소들 또한 당신의 피부 상태에 영향을 미칠 수 있다.

만약 당신의 혈관들이 피부에 가까이 위치한다면 당신은 붉은 색조를 가진다. 이와 같이 수많은 요소들이 결합되어서 우리 자신의 독특한 피부색조를 결정한다. 많은 다른 유전자들은 피부색을 결정하는 수식의 일부분이다. 하지만 가장 영향을 주는 인자는 (갈색) 멜라닌의 양이므로 이 장에서 우리는 그것에 초점을 맞추어 논의해 보고자 한다.

서로 다른 많은 피부색의 형성에 대해서 어떻게 설명할 수 있을까? 또한 이러한 색조가 성경에서 말하듯 비교적 짧은 기간 동안에 어떻게 생성될 수 있었는지를 설명할 수 있는가? 이 질문에 대한 정답은 우리가 피부색조를 구성하는 유전자들을 연구함에 따라 규명될 것이다. 여기서 잠시 기술적인 문제를 다루겠는데 실상은 이미 앞에서 다른 기본적인 원리를 응용하고자 한다. (심오한 질문에 피상적인 답이 있는 경우는 거의 없다는 것을 기억하라!) 유전학에 대한 짧은 여행은 이 질문에 자세히 대답해 줄 뿐만 아니라 놀라우신 하나님의 창조력을 보여 줄 것이다. 비록 몇몇 세부적인 것들을 이해하기 힘들지 모르지만 잠시 동안 한 발만 물러서서 큰 그림을 보며 하나님께서 DNA을 통해 창조해 낸 놀랍고도 정교한 정보의 시스템을 볼 수 있기를 바란다. 살아 있는 매일 매일의 모든 순간마다 우리의 신체를 유지해 주기 위해 유전자가 일하고 있는 모습을 보고 감탄해 보자.

우리는 피부색이 하나 이상의 유전자에 의해 결정된다는 것을 알고 있다. 아마도 최소한 7개의 유전자가 관여할 것이며 혹자는 30-40개 이상일 것이라고 말한다. 단순하게 생각하기 위해서 지금은 오로지 2개의 유전자가 관여한다고 가정해 보자. 유전자는 쌍을 이루어 존재한다. 동물들이 유성생식을 통해 번식할 때 각각의 부모로부터 온 유전자의 절반씩이 그 자손에게 전달된다. 자, 여기서는 많은 양의 멜라닌을 생산하기 위한 유전자 코드로 "A"와 "B"를 지정해 보자. 적은 양의 멜라닌을 생산하기 위한 유전자 코드로는 "a"와 "b"라고 하자.

아주 어두운 피부색을 가진 사람들은 AABB 유전자를 가질

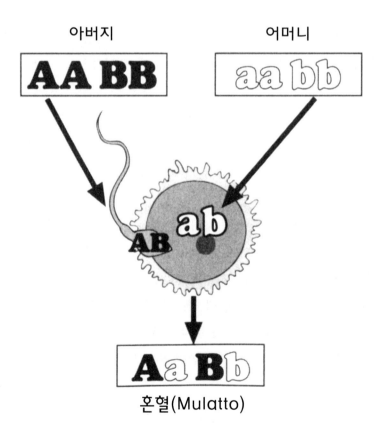

혼혈(Mulatto)

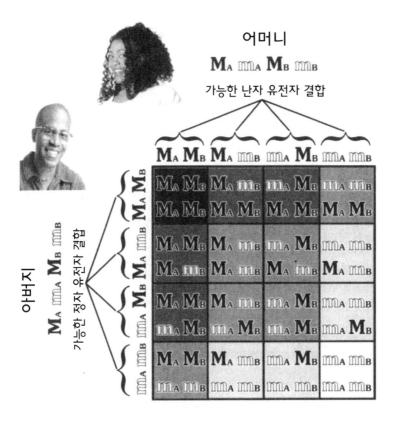

어머니
M_A m_a M_B m_B
가능한 난자 유전자 결합

것이고 아주 어두운 피부색을 가진 자손만을 만들 것이다. 이러한 유전자형을 가진 부모에게서 태어난 아이들은 밝은 피부색에 대한 유전자가 전혀 없다. 반대로 아주 밝은 피부색을 가진 사람들은 aabb 유전자를 가질 것이고 아주 밝은 피부색을 가진 자손만을 만들 것이다. 그들은 어두운 색을 만드는 유전자를 상실해 왔던 것이기 때문에 더 이상 많은 양의 멜라닌을 만들 수가 없다.

어떤 의미에서는 밝은 피부색의 사람들은 어두운 색을 내는 유전자를 제거해 온 것이며 어두운 피부색의 사람들은 밝은 색을 내는 유전자를 제거해 온 것이다. 그들의 유전자 집합에 다시 다양성을 재도입하는 유일한 방법은 다른 유전적인 다양성을 가진 사람과 배우자가 되는 것이다. 그렇게 되면 다양성이 유전자 집합에 다시 나타나고 그 후손은 밝거나 어두운 또는 이 둘이 섞인 피부색을 가지게 될 것이다.

각각의 그룹에서 온 남자와 여자가 결합하여 아이를 갖는다면 "AABB"와 "aabb" 유전자 조합은 유전학에서 "뮬라토; 흑백혼혈아(mulatto)"라고 부르는 조합을 이루게 될 것이다. 이 아이는 멜라닌을 생산하는 AaBb 유전자형을 가지고 중간 갈색의 피부색을 갖게 된다. 자, 그럼 AaBb 유전자형을 갖는 두 사람이 결혼하여 아이를 낳는다면 그들의 자손의 유전자는 어떤 조합을 이룰까?

놀랍게도 우리는 한 세대만에 매우 밝은 색부터 매우 어두운 색까지 온갖 피부 색조를 갖게 된다는 것을 알게 되었다. 두 명의 중간 갈색 피부를 가진 부모로부터 시작하면 멜라닌의 조합이 만들 수 있는 가능한 모든 색조를 얻을 수 있다는 것을 알 수 있다.

전 세계 인구의 대부분이 중간 갈색 피부색이라는 것을 알고 있는가? 아담과 이브가 어떤 피부색을 가졌었을 것이라고 생각하는가? 그들은 aabb유전자형에 의해서 코카시안이 가지고 있는 하얀 피부색을 가졌을까? (대부분의 아이들의 그림책에 그려져 있는

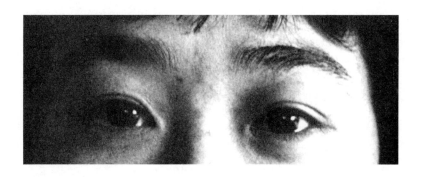

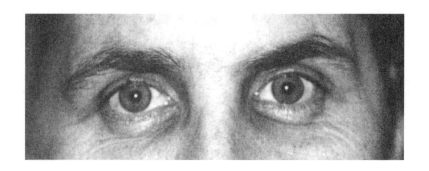

대로) 아니다. 그렇다면 모든 사람들이 하얀 피부를 갖었을 것이다. 그렇다면 AABB 유전자형으로 대표되는 검은 피부색을 가졌을까? 그것도 아니다. 그렇다면 모든 사람들이 검은 피부를 갖었을 것이다. 하지만 그들이 AaBb 유전자형을 가진 중간 갈색 피부색을 가졌었다면 그들의 자녀들은 한 세대 후에 밝거나 어둡거나 그 중간의 모든 피부색을 가질 수 있었을 것이다.

하지만 오늘날 이 지구상에 있는 대부분의 사람들처럼 영원히 중간 갈색피부색을 가진 사람 집단들은 어떠한가? 이것 역시 쉽게 설명된다. aaBB나 AAbb 유전자형을 가진 사람들은 오로지 중간 갈색피부색을 가진 자손만을 만들 수 있다. 만약 이런 유전자형을 가진 사람들끼리 자손을 낳는다면 그 과정은 역전될 수 있을 것이다. 짧은 기간 안에 그들의 후손들은 한 가족 안에서도 모든 피부색의 조합을 보여 줄 수 있을 것이다.

다시 말하거니와 이것은 단순화시킨 예이다. 우리는 여러 세트의 유전자가 결합하여 어떤 사람의 최종 피부색을 결정한다는 것을 알고 있다. 하지만 이것이 기본적으로 유전학이 작용하는 방법이며, 정보를 가지고 있는 DNA 청사진이 어떻게 엄청난 다양성을 창출하는 동시에 유전적인 발현을 제한하는가를 보여 주는 것이다.

인간의 모든 신체적인 특징들을 만드는데 있어서 이와 똑같은 과정을 거쳤다. 예를 들어 아시안인의 눈은 종종 아몬드 모양으로 묘사되곤 한다. 그러한 모양은 지방이 약간 두꺼운 층을 이루는 외형에서 유래된다. 물론 아시안 뿐만 아니라 코카시안들의 눈에도 지방은 있다. 단지 코카시안들은 더 적은 지방을 가질 뿐이다.

우리가 어떤 특징을 관찰하든지 간에 어떤 사람 집단도 다른 사람 집단이 갖고 있는 것과 전적으로 다른 어떤 것을 갖고 있지는 않다. 물론 크기, 색깔, 또는 모양에는 다양성이 존재하지만 그 모든 것은 본질적으로는 정확히 같은 특징을 갖고 있다.

피부 밑에서 어떤 일이 일어났는가에 대한 적절한 이해를 가지고 본다면 우리가 말하는 소위 "인종적 차이들"이란 아주 사소한 것으로 보이기 시작하지 않는가?

인간의 역사에 대한 재구성

다윈주의는 인간 역사에 대한 세상의 개념을 변화시켜 왔다. 진화론적 사고가 대부분의 학교 수업과 대부분의 사람들의 사고에 너무 뿌리깊게 파고 들어서 인류의 진정한 역사가 왜곡되고 얼룩져 왔다. 우리가 과거에 어디로부터 왔는가에 대한 사실의 부재는 현재 우리를 허우적거리게 만들고 있다. 미래에 우리가 어디를 향해 가는가에 대한 확실성이 없이 인류는 아무런 단서가 없는 내일과 미래에 직면하고 있다. 진실의 부재 안에서 난처한 질문들과 표면적으로는 해결 불가능한 문재들이 우리를 괴롭게 한다. 우리의 현재 상황은 혼란과 불안의 소용돌이 안에 있다. 우리는 혼돈과 불안 가운데 미래를 직면한다. 이것이 우리의 운명인가?

감사하게도 그렇지 않다! 우리가 찾고 있는 문제의 정답은 존재한다. 우리가 우리의 영혼을 정박시키고자 찾는 진리는 변하지 않았다. 미래로 가기 위해 길을 그리는 데 필요한 나침반은 여전히 그대로 있다. 하나님의 진리는 항상 있어 왔고, 앞으로도 있을 것이다. 다윈주의와 그의 농장의 결과론적인 열매는 과학적인 근거들에게 노출되었다. 이러한 근거들은 성경이 우리들에게 지속적으로 말해 오던 것들을 확인시켜 준다.

창세기 1장에서 시작하는 하나님의 말씀은 이 어두운 세상에서 여전히 진리의 빛이다. 성경을 통해서 우리는 우리의 역사를 교정할 수 있고 진실을 가지고 현재를 받아들일 수 있으며 확신을 가지고 영원을 향해 용감하게 걸어갈 수 있다.

우리는 이제 창세기와 현대의 과학적인 증거들을 가지고 인간의 진실된 역사에 대한 완벽한 그림을 자신 있게 재구성할 수 있다.

태초에

창세기 1장에서 우리는 하나님께서 모든 동식물을 종류대로 창조하셨음을 읽었다. 하나님께서는 또한 각 생물이 그 종류대로 번식할 수 있도록 만드셨다. 사실 "그 종류대로"라는 표현은 창세기 1장에 열 번이나 나온다. 이것은 각 종류대로 각각 자기자신의 종류를 생산해 낸다는 것을 의미한다.

하나님께서 인간의 종류로 완벽한 유전적인 구성을 가진 아담과 이브를 창조했다. 그들은 창조주와 환경에 대한 완벽한 균형을 이루며 그들은 평화롭고 조화롭게 에덴동산에서 살았다. 하지만 사탄이 이브를 유혹했을 때 아담과 이브는 하나님께 불순종하는 것을 택한다. 이러한 죄악의 도입은 모든 것을 바꾸었다. 죄책감과 수치심이 평형상태를 균열시켰다; 그들은 생명의 나무로부터 추방당했으며 죽음은 모든 분야에 현실로 찾아왔다.

에덴 동산에서 쫓겨난 후 그들은 수고한 땀의 대가만을 먹을 수 있었으며 해산의 고통이라는 저주가 이브 이후의 모든 여성의 몫이 되었다. 타락 이후, 아담과 이브는 자손을 생산하기 시작했다. 그들의 환경은 현재 우리가 사는 것보다 아마도 훨씬 더 통일되고 안정적이었지만, 하나님께서 창조한 유전적인 다양성이 그들의 자손들에게 나타나기 시작했다.

전세계적인 홍수가 노아와 아내, 세 아들과 며느리들을 제외하고 모든 사람들을 멸망시켰다. 하나님께서는 홍수에서 살아남은 사람들에게 생육하고 번성하여 땅에 충만하라고 명하셨다(창 9: 1). 이 홍수는 또한 환경을 크게 변화시켰다. 날씨의 안정적 유형이 파괴되었다. 지구에 내리쬐는 방사선은 돌연변이를 일으켰고, 이 돌연변이는 시간이 갈수록 축적되어 갔다.

인간은 여전히 하나의 거대한 사람 집단으로 존재하여서 유전자 집합이 여전히 매우 다양하고 매우 깊었고, 오로지 하나의 언어와 문화가 존재했다. 전체 인구의 피부색을 양극단, 즉 아주 어둡거나 아주 밝은 색조에서 멀어지게 하는 경향이 있는 집단 내의 결혼을 막은 장애물은 아무 것도 없었다. 아주 진하거나 아주 밝은 피부색의 사람들이 물론 나타났지만 이런 사람들은 자신들보다 덜 어둡거나 덜 밝은 피부색을 갖은 사람들과 자유롭게 결혼할 수가 있어서, 평균적인 피부 색조가 똑같도록 유지할 수 있었다.

그러나 창세기 11장을 보면 인간 역사에 아주 주목할 만한 사건이 일어났다. 생육하고 번성하여 땅에 충만하라고 하신 하나님의 명령을 거역하고 (또한 함께 협동하여서 위대한 일을 이룰 수 있다는 자신들의 능력에 자만하여) 인간들은 힘을 합하여 자신들의 성취를 나타내기 위해서 바벨탑이라 부르는 기념비를 세웠다. 하나님께서는 인간의 불순종을 심판하시고, 각기 다른 언어를 사용하도록 하여 하나님께 대항하기 위해 다시 협력할 수 없게 하셨다. 하나님께서 의도하신 대로 언어의 혼잡은 사람들을 온 땅으로 흩어지게 만들었다. 그 당시의 혼란을 상상해 보라! 서로 다른 집단의 사람들끼리 서로 소통하기 위해서 애를 쓰지만 그리 될 수 없는 모습을 상상해 보라.

결국에는 그들은 서로 같은 언어를 사용하는 사람들끼리 모였을 것이며 그들의 유전자 집합에는 즉각적인 장애물이 만들어졌을 것이다. 그들이 이해할 수 없는 언어를 사용하는 사람들과는 결혼하려는 노력을 하지 않았을 뿐만 아니라 같은 언어를 사용하는 그룹은 그들이 이해할 수 없는 언어를 사용하는 집단을 신뢰하거나, 관계를 맺는 데에 어려움을 가졌을 것이다. 이리하여 언어가 다른 집단의 사람들은 서로에게서 멀어지게 되었고, 지구상의 서로 다른 지역에서 떨어져 살게 되었다. 이것이 바로 하나님께서 의도하신 것이었다. 하나님께서는 대홍수 후에 인류가 온 땅 위에 흩어지기를 의도하셨던 것이다.

이 사람들이 바벨로부터 이주하자 그들은 새로운 다른 기후를 만났고 자연선택이 생겨나기 시작했다. 어떤 사람 집단은 햇빛이 적은 추운 지역으로 이주했을 것이다. 그러한 지역에서는 어두운 피부색을 가진 사람들은 충분한 비타민 D을 합성할 수 없었을 것이며 따라서 건강이 약화되어 더 적은 수의 아이들을 가졌을 것이다. 시간이 흐르면서 이 집단 중에서 피부색이 밝은 사람들이 수적으로 우세하게 되었다. 만약 여러 그룹이 이 추운 지역으로 왔는데 어떤 집단이 옅은 피부색을 만드는데 필요한 유전자를 덜 갖고 있었다면 이 집단은 도태될 가능성을 갖고 있었던 것이다(자연선택은 유전자 집합에 이미 존재하는 특징들에 영향을 미치는 것이며 새로운 유전자들이 진화하게 할 수는 없다는 것을 기억하라).

어떤 과학자들이 유럽의 네안데르탈인(현재 온전한 인간으로서 인정되는 멸종 인류)[46]의 뼈가 비타민 D 결핍증의 증거를 보인다고 한 것은 매우 흥미로운 일이다. 진화론의 관점에서 보았을 때 이 결핍증이 네안데르탈인을 오랜 기간 동안 "원숭이 같은 사람"이라고 분류하게 하는 원인이 되었었다. 그들은 그들의 환경에 맞지 않는 어두운 피부색을 가진 사람들이었을 가능성이 있다. 역으로 햇빛이 아주 강렬한 지역에 사는 흰 피부색을 가진 사람들은 쉽게 피부암에 걸릴 수 있다. 이러한 경우 어두운 피부색을 가진 사람들은 좀더 쉽게 살아남을 수 있다.

환경의 압박이 한 집단 내에서 유전자의 균형에 영향을 줄 수도 있고, 심지어는 전체 집단이 자연선택에 의해 제거되게 할 수도 있다. 이것이 어떤 환경에서는 자신들이 처한 자연 환경에서 살아남기에 적합한 능력을 증가시키는 특징들을 갖고 있는 사람들을 볼 수 있는 이유이다. 예를 들면 노르만족은 하얀 피부색을, 적도지역의 사람들은 검정 피부색을 가진 것이다.

이런 시나리오는 과거에 어떤 일이 일어났었는지를 이해하는

---

46. Dr. Marvin Lubenow, *Bones of Contention*, (Grand Rapids, MI: Baker Books, 1992)

데 도움이 되긴 하지만 지나치게 단순화하지 않는 것이 중요하다. 이러한 단순한 시나리오에는 많은 예외가 존재한다. 자연선택에는 아주 많은 환경적, 유전적인 요소들이 관여한다. 우리는 우리의 신체적 특징에 영향을 주는 수천 개의 유전자들을 갖고 있는데, 수많은 환경적 압박들이 이 유전자들에 대한 자연선택이 각양의 방법으로 일어나도록 영향을 줄 수 있다는 것을 기억해 보라. 예를 들면 에스키모(Eskimo)의 이누이트(Inuit) 족은 갈색 피부를 갖고 있으나 햇빛이 그리 많지 않은 지역에서 산다. 아마도 그들은 Aabb 유전형을 가졌을 것이고 이는 그들이 더 밝은 피부색을 갖지 못하도록 하는 것이다.

자연선택은 새로운 유전정보를 창조하지는 못하기 때문에 에스키모 족은 유전자 집합이 허용하는 한도 내에서 가장 밝은 피부색을 갖게 되었을 것이다. 하지만 그것보다 더 밝은 피부색을 갖기 위해 필요한 새로운 유전자를 만들어내는 "진화"는 할 수 없었을 것이다. 피부색 외의 다른 신체적 특징들이 그들이 추운 환경에 아주 잘 적응하도록 해 주었을 것이다.

자, 이제 요약해 보자: 바벨에서 인류가 흩어지면서 서로 이종교배를 하던 하나의 커다란 집단이 근친교배를 하는 작은 집단으로 나누어졌다. 각 집단은 다양한 신체적 특징을 나타내는 유전자들이 섞여 있었다. 환경의 선택 압력을 포함하는 온갖 요소들은 유전자들의 특정한 조합이 나타나는 빈도수를 바꾸게 되었고 이는 특정한 형질이 우성으로 나타나는 경향을 높였다. 하지만 우리가 지금 논의하고 있는 인종차별주의의 측면과 관련지어 본다면 어째든 이것은 "진화"가 아니라는 것을 깨닫는 것이 중요하다.

오늘날 세계에서 볼 수 있는 다양한 사람 집단의 우성적인 특징들은 과거에 존재하던 유전자들의 여러 다른 조합에서 만들어진 것인데, 이 유전자 조합은 자연선택을 비롯한 여러 요소들에 의해 결정지어졌으며 임의의 유전적 돌연변이에 의해 변형된 것이다.

불과 몇 세대만에 과거에 존재했던 유전 정보의 각양 조합들은 피부색, 눈 모양, 키 등과 같은 피상적인 차이를 보여 주는 각양의 사람 집단을 만들었다. 소위 "인종"이라고 불리는 집단이 형성된 것이다.

1998년 9월 10일에 ABCnews.com의 과학 섹션에서 어떤 연구자가 다음과 같이 말했다.

> "우리 모두는 예를 들면 케이크를 만들기 위한 조리 방법과 같다고 볼 수 있다. 최종적으로 어떤 종류의 케이크로 구워지든지 간에 모두 같은 종류의 재료를 갖고 있으며, 단지 그 양에 있어서 차이가 날 뿐이다."

이것은 아주 멋진 유추이다. 똑같은 주 재료를 갖고 똑같은 기본적인 요리법을 사용하여 단지 재료의 비율만을 다르게 하여 완전히 다른 다양한 케이크를 만들어 내는 것이다. 아담과 이브가 원조 DNA 재료를 갖고 있었으며, 그들의 모든 자손은 기본적인 요리법을 갖고 있지만 그 요리법 안에서 변화를 갖고 있는 것으로 생각해 볼 수 있다.

오늘날 인류를 보면, 원래의 요리법의 아주 다채로운 피상적 차이를 볼 수 있다. 이 다양성이 인간의 삶에 멋진 맛과 다양성을 부여한다고 말하고 싶다.

다음은 명백한 사실이다:

한 핏줄

사도행전 17:26

아담과 이브
고린도전서 15:45
창세기 3:20

아들들과 딸들
창세기 5:4

노아와 아들들
창세기 9:17-19

바벨탑의 사람들
창세기 11:8-9

서로 다른 인간 그룹/문화

1. 우리는 한 남자로부터 기인했다.

"첫 사람 아담이 있었나니" (고전 15:45)

하나님의 말씀에 의하면 모든 사람들이 한 남자, 즉 아담으로

부터 왔다는 것을 알 수 있다. Y 염색체는 아버지에게서 아들에게로 직접적으로 전해지는 DNA를 갖고 있다. 우리는 오늘날 살아 있는 모든 남성들의 Y 염색체 DNA가 비슷할 것이라고 예측할 수 있다. Y 염색체 DNA에 대한 과학적인 연구결과들은 이것을 증명하고 있다.

2. 우리는 한 여자로부터 왔다.

"이브는 모든 산 자의 어머니가 됨이더라" (창 3:20)

하나님의 말씀에 의하면 모든 사람들이 한 여자, 즉 이브로부터 왔다는 것을 알 수 있다.

미트콘드리아 DNA는 어머니로부터 아이에게 직접적으로 전달된다. 우리는 오늘날 생존하고 있는 모든 사람들의 미트콘드리아 DNA가 비슷할 것이라고 예측할 수 있다. 미트콘드리아 DNA에 대한 과학적인 연구결과들은 이것을 증명하고 있다.

3. 우리는 수태되었을 때부터 완전한 인간이다.

수태될 때부터 인간이라는 개체를 만드는 데 필요한 모든 유전정보가 존재한다. 그러므로 수정된 인간의 난자는 처음부터 온전한 인간이다. 우리가 어느 시점부터 인간이 되는가를 따질 다른 어떤 생물학적 근거도 없다. 모든 인간은 수태될 때부터 인생의 종말 때까지 온전한 인간이다.

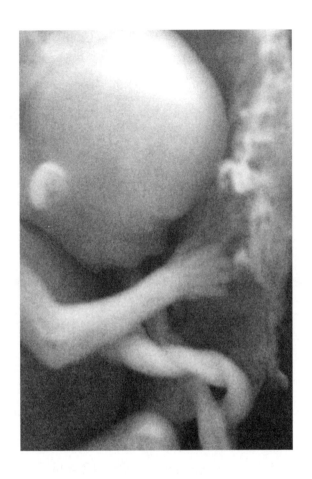

4. 인간은 오로지 하나의 종만이 존재한다.

우리 모두는 처음에 있었던 두 사람의 후손이다. 즉, 같은 조상을 가지고 있으므로 우리는 생물학적으로 다른 인종이 아니다. 하지만 성경은 이 세상에는 두 개의 영적 인종, 예수 그리스도를 믿는 사람과 믿지 않는 사람이 있다는 것을 분명히 말하고 있다. 이에 대해서는 다음에 논의할 것이다.

한 편, 다윈의 농장에서는 …

친구들이여, 나는 내가 이 장에서 제시한 정보가 당신들의 마음에 스며들 필요가 있다는 것을 알았다. 이런 과학적이고 성경적인 사실들이 당신에게 새로운 것이라면 지금 당장 당신의 머리가 조금 어지러울 것이다.

하나님의 말씀은 변하지 않는다는 것을 기억해 보라. 다윈의 이론이 도입된 지난 150년 동안에도 타협하지 않고 성경의 진리를 붙들고 살아 온 사람들이 있다.

그들은 사실이 그게 아니다라는 것을 '입증'하는 명백한 과학적 '사실'에도 아랑곳하지 않고 창세기의 기초 위에 굳건히 서 있었다. 그들은 다윈의 농장의 한 가운데에서 진화론이라는 바람에 굽히지도 않고 떨지도 않는 진리의 굳센 떡갈나무처럼 서 있었다.

하지만 우리는 지금 다른 시대에 살고 있다. 분명히 하나님의 말씀은 변하지 않고 있다. 게다가 현대 과학의 진보로 우리는 관찰할 수 있고 실험이 가능한 과학적인 사실들이 우리에게 성경이 지속적으로 말씀해 오신 것들을 지지하고 있는 것을 본다.

그러나 지금까지는 다윈주의적인 세계관이 우리 사회의 거의 모든 분야에 침투하여 우리 한 사람 한 사람 모두에게 영향을 주어 왔다. 어느 정도까지는 진화론의 씨앗과 뿌리가 우리 모두를 사로잡고 있다. 특히 인종차별주의에 관하여 진화론과 다르게 생각하고 있다면 우리는 바보로 취급을 당할 것이다.

그렇다. 이러한 새로운 성경적이고 과학적인 사실들이 당신의 마음에 자리잡는 것이 필요할 수 있다. 하지만 이 새 생각들이 당신의 머리에만 머물러서는 안 된다. 지금 당신이 알고 있는 것이 당신의 마음을 주장하여야 한다.

인종차별주의가 사실과 맞닥드려 싸울 수 있지만, 이것은 본질적으로 마음의 문제이다. 성경에 나타났고, 이제 과학적 지지를 받고 있는 인류의 역사를 아는 것과 이 세상 인류의 바다를 바라보며 당신 영혼 깊은 곳으로부터 우리가 형제 자매이며, 한 종족이라는 것, 한 혈통이라는 것을 느끼는 것은 또 다른 문제이다.

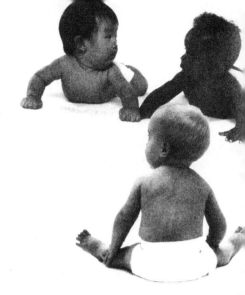

제5장
한 혈통

"인류의 모든 족속을 한 혈통으로 만드사
온 땅에 살게 하시고 그들의 연대를 정하시며
거주의 경계를 한정하셨으니"
행 17 : 26

"너희는 말씀을 행하는 자가 되고 듣기만 하며
자신을 속이는 자가 되지 말라. "
약 1 : 22

이번 장에서는 당신이 뒤로 물러서서 잠시 토론을 멈출 것을 권하고 싶다. 이제까지 우리는 많은 시간을 사용해서 역사적이고 성서적이며 과학적인 사실들을 살펴보았다. 그러한 사실들을 증거로 삼아 하나님의 말씀이라는 좌표를 통해서 해석해 볼 때 우리는 참으로 놀랍고도 아주 포괄적인 깨달음을 얻게 된다. 인종차별주의는 진화론으로 오염된 타락한 세상의 죄 때문에 생긴 결과이다. 개인에게나 사회적으로 인종차별주의가 끼치는 영향은 지대하다.

그러면 우리는 이 문제에 대해서 무엇을 해야 할까? 당신은 어떻게 하겠는가? 우리는 이 문제에 관해서 이야기를 많이 해 왔다. 이제는 행동을 할 때가 왔다고 본다. 지금부터 기술하는 페이지에서는 실제적으로 개인이 적용해 볼 수 있는 경우들을 생각해 보겠습니다. 성경에 기초를 둔 다른 많은 확고한 신념들처럼 이러한 실제적인 행위는 현실과 진실에 대한 우리의 정서와 생각이 새롭게 변화된 다음에 비로소 시작이 가능하다. 무엇이 현실이고 진실인지를 바라보는 우리의 변화된 심령과 태도로부터 시작되어야 한다. 우리가 지금까지 배워온 것에 비추어 볼 때 적어도 세 가지 중요한 경우에는 행동을 취해 보는 것이 우리 앞에 마련되어 있다고 생각한다.

첫째, 세상에 존재하는 서로 다른 그룹의 사람들을 언급할 때에 인종이라는 용어를 사용하지 말 것을 제안한다.

다윈이 등장하기 전에는 인종이라는 용어는 대부분의 경우에 정치적이거나 지역적인 의미에서 사용되었다. 생물학적으로 가까운 관계일지라도 지역적으로 떨어져 있으면 독립된 인종으로 생각되었다. 예를 들면 영국 사람과 아일랜드 사람의 관계가 이러한 경우이다. 다윈의 이론은 온 세상에 스며 들었고 진화론을 교육시켰기 때문에 인종이라는 용어가 새롭게 다시 정의되었다. 지금은 대부분의 사람이 인종이라는 용어를 생각할 때는 대체로 열등 인종, 우수인종, 흑색인종, 또는 홍색인종 등을 생각하게 된다. 우리들 중에서 생각이 깊은 사람들조차도 인종이라는 단어를 사용할 때는 때로는 힘든 경우가 있다. 인종이라는 단어는 원래 가졌던 의미를 상실했다(더 이상 과거와 같은 의미로 사용되지 않는다).

세상에 존재하는 모든 인류는 호모 사피엔스(Homo sapiens)로 분류된다. 오늘날 과학자들은 생물학적으로 보았을 때 세상에는 단지 하나의 인류의 인종(race)이 존재한다는 사실에 동의한다. 세상의 서로 다른 어떤 곳에서도 두 사람을 뽑았을 때 그 두 사람 간의 기본적인 유전자의 차이는 대부분의 경우에 0.2퍼센

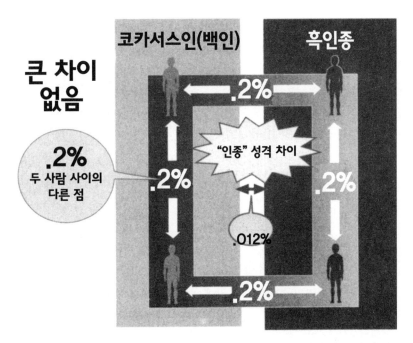

트[47]라는 것을 유전학자들은 밝혀 냈다. 또한 그 두 사람이 같은 그룹에 속한 사람일지라도 마찬가지라고 합니다.[48] 더구나 0.2퍼센트 차이의 6퍼센트만이 인종적인 특성에 따른 차이라고 한다. 다시 말하면 서로 다른 인종에 속한 두 사람 사이에 존재하는 유전적인 인종적 차이는 단지 0.012퍼센트에 지나지 않는다.[49]

47.이 수치는 지금은 0.5-0.9%라고 제시되고 있다. 이것은 특정한 두 개인의 게놈의 순서에서 기인하는 것이므로, "인종" 때문에 생기는 유전자적 변이가 0.054%가 될 수 있다는 것을 의미한다(그렇다 할지라도 아직은 미미한 숫자에 불과하다).
48. J.C. Gutin, "End of the Rainbow," *Discover* (November 1994): p.72-73.
49. Susan Chavez Cameron and Susan Macias Wycoff, "The Destructive Nature of the Term 'Race': Growing Beyond a False Paradigm," *Journal of Counseling & Development*, vol. 76, no. 3 (Summer 1998): p.277-285. The article cites information from L. Luca Cavalli-Sforza, Paolo Menozzi, and Alberto Piazza, *The History and Geography of Human Genes* (Princeton, NJ: Princeton University press, 1994), p. 279.

전체적으로 볼 때 같은 그룹에 속하는 사람들 사이에 차이점이
서로 다른 그룹에 속하는 사람들 사이의 차이점보다 크다. 인종차
별을 고집하는 사람들은 피상적이고 외모적인 차이에 근거를 둔 것
이고, 확고한 과학적 사실과 명백한 성서적 논리에 근거를 둔 것은
아니다. 만약에 어떤 미국 원주민(인디언)이 장기 이식을 위해서 자
기와 세포조직이 일치하는 사람을 찾고 있다면 그와 가장 적합한 조
직을 가진 사람을 아시아 사람에게서 찾을 수도 있다. 마찬가지로
이와는 반대의 경우도 가능하다.

많은 사람들이 인종간의 유전적 차이가 크다고 생각하는 이유
는 그들에게 인종간의 유전적 차이가 크다고 가르치는 문화 속에서
그 사람들이 성장해 왔기 때문이다. 미국 과학증진협회(American
Association for the Advancement of Science, AAAS)의
대회가 1997년 애틀랜타에서 열렸다. 어떤 과학자가 그 대회에서
다음과 같이 발표했다.

인종은 역사에 기록된 사건들에 의해서 형성된 인
식에서 나온 사회적 개념이며 기본적인 생물학적 실체와
는 아무런 관계가 없다. … 참으로 신기하게도 인종에 대
한 이런 생각은 미국 사회에서 만들어진 인종에 대한 생
각(미국식 조립제품)과 매우 흡사하다.[50]

미국의 ABC news의 과학란에는 다음과 같은 발표가 있었
다.

50. Robert Lee Horz, "Race Has No Basis in Biology, Researshers
Say," *Los Angeles Times* article reprinted in the *Cincinnati
Enquirer*, February 20, 1997, p. A3.

점점 더 많은 과학자들은 우리를 서로 분리시키는 차이점은 문화적인 것이고 인종적인 것이 아니라고 보고 있다. 더구나 어떤 과학자들은 인종이라는 단어는 아무런 의미가 없기 때문에 사용하지 말아야 한다고 말한다. … 우리가 인종이라는 개념을 받아들인 것은 이것이 사람들을 광범위하게 분류하는데 편리하기 때문이다. … 그런데 이 방법은 흔히 사람들을 억압하는데 사용되었다. … 가장 끔찍한 예가 바로 독일의 히틀러의 경우이다. … 많은 사실들이 우리에게 보여 주는 것은 우리들 사이에는 다른 점이 존재한다는 것이며, 이 차이는 문화적인 데서 기인하는 것이지 인종적인 것은 아니다.[51]

학회지 《상담과 개발 저널(Journal of Counseling and Development)》에 실린 1989년의 한 논문에서, 저자들은 인종이라는 단어는 근본적으로 아무런 의미가 없기 때문에 폐기되어야 한다고 주장한다. 나 역시 동의한다. 다윈의 진화론과 그로 인하여 생기는 편견의 영향 때문에 많은 사람들은 (특히 기독교인들) "인종"이라는 단어는 폐기해 버려야 한다고 생각한다.

성경은 사람들을 언급할 때는 인종이라는 단어를 전혀 사용하지 않는다. 성경은 모든 인간은 한 혈통을 갖고 있다고 기술하고 있다(행 17: 26). 인간에 대한 이러한 기술은 우리들은 서로 연결되어 혈연이며, 한 가족에서 출발하였고 첫 부부의 후손들이라는 것을 강조한다. 이것이 사도 바울이 "우리 모두가 범죄하여서 하나님

---

51. "We're All the Same," American Broadcasting Corporation, September 10, 1998, www.abcnews.com/selections/science/Dyegard/dye72.html.

의 영광에 이르지 못했다"(롬 3:23)라고 말하는 이유이다. 왜냐하면 우리는 모두가 아담의 후손이기 때문이다. 예수님이 이 땅에 인간으로 오셔서(빌 2:6-8) 인간의 죄를 위해서 희생 제물로 돌아가셨다. 이로 인해서 예수님도 아담의 후손이 되었다. 예수님은 마지막 아담이라고 일컬어진다(고전 15:45). 모든 인간은 아담의 후손이다. 모든 인간은 하나님의 말씀에 근거를 두고 사고를 해야 하며, 우리 모두는 구원을 받아야 하는 죄인이라는 것을 받아 들여야 한다. 인간들은 그 누구나 그들의 문화가 무엇이든지 간에 자신들의 모든 행위를 하나님 말씀의 절대적 기준에 비추어서 판단해야 한다. 우리 모두는 회개하고 거저 주시는 구원의 선물을 받아야 한다.

우리 모두는 모든 사람들을 우리의 친척으로서 대해야 한다. 우리는 모두 한 혈통을 갖고 있다. 우리들 모두는 우리의 창조주 하나님 앞에서는 동일하다. 아담의 후손은 누구든지 구원 받을 수 있다. 왜냐하면 우리와 한 핏줄로서 연결되어 있는 친척인 예수 그리스도께서 우리의 죄를 위해서 죽으셨고 다시 부활하셨기 때문이다. 이것이 바로 복음이 세상의 모든 민족과 열방에 전파되어질 수 있고 전파되어야 하는 이유이다.

문화적으로, 지역적으로, 정치적으로 서로 다른 사람을 정의할 때는 선교사들은 "사람 집단(people groups)"이라는 용어를 사용한다. '사람집단'이란 언어, 문화, 종교 혹은 거주지역이 서로 다르기 때문에 다른 사람들과 구별되는 사람들의 무리라고 정의된다. 성경은 이렇게 상대적으로 분리되어 있는 사람들의 집단을 묘사할 때 "ethnos"라는 헬라어를 사용합니다. "그러므로 가서 모든 민족을 제자 삼으라."라고 우리에게 말씀하신 "지상명령(Great Commission)"에서 예수님은 "에트노스(ethnos)"라는 단어를 사용했다. 이 단어는 마치 미국 원주민들이 체로키 족이나 수 족을 부를 때 "Cherokee Nation" 이나 "Sioux Nation"이라고 하는 것과 유사하다. 어떻게 정의하느냐에 따라서 지구상에는 약 12,000~24,000개의 사람집단이 있다.

그러므로 당신이 자녀들에게 말하거나, 양육하고, 가르칠 때 "인종"이라는 단어는 사용하지 말고, "사람 집단"이라고 말하자. 또한 예수님께서 명령하신 대로 그들 모두에게 복음을 어떻게 전파할 것인지를 이야기하자.

만약에 우리 모두가 이러한 성경의 원칙을 이해하고 받아들인 다면 세상이 얼마나 많이 변할 수 있을까! 그렇게 된다면 우리 모두도 사도 바울처럼 이렇게 선언할 수 있을 것이다.

유대인이나 헬라인이나 차별이 없음이라. 한 분이신 주께서 모든 사람의 주가 되사 그를 부르는 모든 사람에게 부요하시도다.(롬 10:12)

둘째, 우리는 우리를 다시 프로그래밍할 필요가 있다.

여기에 당신이 받아들이기 힘든 사실이 있다. 미국의 문화 속에서 우리들은 인종 차별주의적으로 프로그래밍이 되어 있다. 특히 피부색에 대해서 그렇다. 우리의 문화 속에 있는 인종차별주의적인 뿌리와 세상 사람들의 세속적인 사고방식과 다원주의적 사고방식의 영향 때문에 우리는 인간의 내면보다는 외모를 보도록 프로그래밍 되어 있고, 또한 이렇게 본 것에 근거해서 왜곡된 판단을 내리도록 프로그래밍 되어 있다. 만약에 당신이 당신의 문화 속에서 이런 식으로 프로그래밍 되어 있지 않다면 사람들 간의 차이를 지금 당신이 보는 것처럼 보지는 않을 것이다. 문화가 다른 곳에서는 프로그래밍도 다르게 되어 있다. 우리들의 편견과 선입견은 여러 가지 형태로 나타난다. 그러나 어떠한 경우에도 우리들 개개인에게 인종 차별주의를 야기시키는 것은 과학이나 성경이 아니고 우리의 죄성과 타락한 세상이다.

지금 내가 말을 매우 심하게 한다고 생각한다. 당신은 아마도 나에게 동의하지 않을 수도 있다. 그러나 확실한 것은 내가 하는 말은 사실이다. 우리는 매일매일 피부색깔, 얼굴모습, 체격 또한 키와 같은 외모에 근거해서 그 사람에 대한 온갖 가정을 하고 판단을 내리고 있다. 우리에게 이미 존재하는 프로그래밍의 내부를 들여다 보는 것은 매우 어렵다. 왜냐하면 이 프로그램은 우리의 사고방식의 아주 자연스러운 한 부분이기 때문이다. 아무도 이러한 사실을 받아들이고 싶어하지 않지만, 이 현상의 결과는 너무나 심각해서 무시 할 수 가 없다. 지금까지는 이처럼 프로그램 되어 왔고, 이제는 이 프로그램이 바뀌어야 할 때가 되었다.

이것은 당연히 하나님께는 놀라운 일이 아니다. 하나님께서는 세상이 우리에게 행사하는 압력이나 영향력을 잘 알고 계신다. 그렇지만 하나님께서는 우리에게 주어진 여건이 그대로 지속되지 않아도 된다고 분명히 말씀하고 계신다. 우리의 마음과 심령에 변화가 일어날 수 있다.

너희는 이 세대를 본 받지 말고 오직 마음을 새롭게 함으로 변화를 받아 하나님의 선하시고 기뻐하시고 온전하신 뜻이 무엇인지 분별하도록 하라. 내게 주신 은혜로 말미암아 너희 각 사람에게 말하노니 마땅히 생각할 그 이상의 생각을 품지 말고 … 이와 같이 우리 많은 사람이 그리스도 안에서 한 몸이 되어서도 지체가 되었느니라. (롬 12:2~6)

당신의 생활 속에서 인종 차별문제를 해결하기를 원한다면 간단하게 해결된다. 성경을 믿어야만 한다. 바로 그것이 핵심이다. 인종차별문제를 해결하기 위해서 수백만 달러를 사용할 수도 있다. 새로운 법을 제정하고 여러 가지 계획을 세울 수도 있다. 그러나 사람들이 성경 속에 나타난 역사를 믿지 않는 한, 또한 마음을 새롭게 하지 않는 한 우리들은 이 문제의 실상을 온전히 파악할 수 없으며, 거짓이 아니라 진실에 부합하는 결정을 내리는데 필요한 기초를 마련하지 못할 것이다.

우리들은 누구든지 우리의 태도와 우리의 세상에 대한 생각을 절대적인 권위를 가진 하나님의 말씀에 비추어서 판단할 필요가 있다. 지난 날의 우리의 행적을 돌이켜 볼 때 교회가 하나의 조직체로서 세상에 의해서 많은 영향을 받았다는 것을 현명하게 깨달아야 한다. 세상의 편견과 선입견으로 인해서 성경해석이 심하게 왜곡되어 왔다. 우리는 무엇이 잘못되었는지를 인정하고, 많은 경우에는 회개해야 한다

교회들은 인간의 생각을 받아들였고 이미 세상에 존재하는 인간들의 생각에 맞도록 성경 말씀을 다시 해석했다. 결과적으로 교회는 말씀에 의해서 변화받지 못하고 오히려 세상을 본받았다. 그래서 어떤 일이 생겼는가? 사람들은 생각을 바꾸게 되고 교회는 다시 그런 사람의 생각을 본받는다. 다윈의 진화론이 바로 이런 경우이다. 교회에서 많은 사람들이 진화론적인 생각을 성경에 받아들였

다. 그런데 세상의 지도자들이 인종문제에 대한 생각을 바꾸었다. 그것은 좋은 소식이지만 교회는 세상에 뒤쳐지게 되었다. 왜냐하면 교회가 과거 인간의 생각을 기반으로 하나님의 말씀을 적당히 변개 시켰기 때문이다.

교회가 다시 세상에 앞서서 나가야 한다. 우리는 하나님의 말씀을 문화나 세속적인 사고방식을 통해서 걸러내지 말고 말씀이 있는 그대로 자기의 목소리를 내도록 해야 한다. 이렇게 되기 위해서는 우리는 성경을 단순히 믿는다고 말하는 것 이상의 것을 해야 한다. 우리는 성경의 제자가 되어야 한다. 즉 사도 바울이 디모데후서 2장 15절에서 밝힌 것처럼 '진리의 말씀을 옳게 분별하며 부끄러울 것이 없는 일꾼'이 되어야 한다. 왜냐하면 정직하게 말해서 인종차별적인 가정을 정당화하기 위해서 교회가 성경 말씀을 지극히 왜곡 했기 때문이다.

이런 예 중의 하나가 소위 "햄의 저주(curse of Ham)"라는 것이다. 창세기 9장 20절에서 27절에는 햄과 그의 아들 가나안과 노아의 다른 아들들에 관한 사건이 기록되어 있다. 사건에서 노아 는 가나안을 저주한다. 1958년 12명으로 구성된 몰몬 공의회의 한 사도인 부르스 맥콘키(Bruce McConkie)는 다음과 같이 선언 했다.

우리는 가인의 후손(나중에는 햄의 후손)이 우리가 흑인의 인종적 특성이라고 부르는 특징을 갖도록 저주받 을 때의 상황을 안다.[52]

---

52. Bruce McConkie, Apostle of the Mormon council of 12, *Mormon Doctrine*, 1958, p. 554.

이 선언은 몰몬교회의 창시자 브리감 영(Brigham Young)
이 흑인들은 절대로 말일 성도 예수 교회의 성직자가 될 수 없다고
한 말을 정당화하기 위해서 사용되었다. (그의 이 "불변"의 명령은
나중에 무효화되었다.) 1929년 여호와의 증인은 "노아가 가나안에
게 내린 저주가 흑인종의 기원이다'라고 했다.[53]

그런데 인종차별주의를 정당화하기 위해서 이 성경구절은 이
용하고자 하는 사람들은 특정한 종교집단의 구성원들만이 아니다.
주류 기독교 종파에 속한 많은 사람들도 내가 진행하는 라디오 프
로그램에 전화를 해서 소위 "햄의 저주"에 관해서 질문을 한다.(아
마도 나는 이 질문에 대해서 좀 지나치게 반응하는지 모르겠다. 왜
냐하면 내 이름도 햄이기 때문이다!) 나는 그 사람들에게 그 말씀이
나온 성경의 장과 구절을 찾아 보라고 한다. 그러면 그 질문자와의
대화는 끝난다. 왜냐하면 그 성경구절에는 피부색이나 인종에 관한
이야기는 전혀 없기 때문이다. 이것이 바로 하나님 말씀에 있지 않
은 것을 있는 것처럼 보도록 우리가 프로그램 되어 있다는 사실을
잘 보여 준다. (그리고 어쨌든 간에 그 저주는 가나안에게 내려진
것이고 … 햄에게 내린 것이 아니다. 그래서 내 이름은 깨끗하다.)

셋째로 지금은 행동을 취할 때이다.

야고보서 1장 22절은 우리에게 단순히 말씀을 듣는 자 이상의
사람이 되어야 한다고 명령하신다. 우리는 우리 스스로에게 말씀을
행하는 자라는 것을 입증해야 한다. 우리는 행동하는 사람이어야만
한다. 이러한 행동은 우리의 마음 속, 저 깊은 곳에서 나와야만 한

---

53. "The Golden Age," the *Watchtower* publication (now is called
Awake!) (July 24, 1929): p. 702.

다. 인종 차별주의에 관한 문제는 진실과 성실성을 가지고 대처해야만 한다는 확고한 신념에부터 나와야 한다. 우리의 신체적인 모습이나 피부색깔 같은 사소한 외양적 차이점에 집착하기보다는 불과 몇 퍼센트에 불과한 우리의 유전자에 의해서 생기는 작은 차이점들을 넘어서 '이 사람이 나의 형제요, 나의 자매이며, 이 사람과 나는 한 핏줄이다'라고 말할 때이다.

지금은 하나님께서 사무엘에게 주신 메시지를 완전히 습득하고 적용해 볼 때이다. 하나님은 사무엘에게 사람의 용모나, 피부색깔이나, 체격의 크기를 보지 말 것을 말씀하셨다. '사람의 용모와 키를 보지 말라. … 하나님께서 보시는 것은 사람과 같지 아니하니 사람은 외모를 보지만 하나님께서는 중심을 보신다.'(사무엘 상 16:7)

다음 번에 당신이 자신과 좀 다르게 보이는 사람을 보았을 때, "이 사람들을 어떻게 도와줄까? 나의 사랑과 배려가 필요할까, 혹은 그들에게는 하나님이 필요할까?"라고 자문해 보라.

주님께서 사람들을 대해 주셨던 것처럼 우리도 사람을 대해야 한다. 예수님은 지속적으로 눈에 보이지 않는 편견의 장애물을 넘어 사람들에게 다가 가셔서 그들을 사랑하고, 돌보시고, 그들의 삶 속에 진리를 말씀하셨다. 예수님은 팔을 내밀어 깨끗하지 못한 몸을 가진 사람이나 문둥병자의 몸을 만지셨다. 예수님은 인종과 남녀 구별을 넘어서 우물가의 사마리아 여인의 삶에 진리를 말씀해 주셨다.(요 4)

만약에 당신이 진실로 자신의 삶이 예수님의 삶을 닮기를 원한다면 당신은 예수님이 그렇게 하셨던 것처럼 당신을 통해서 다른 사람들, 특히 당신과 다른 사람들을 사랑하도록 해야 한다. 하나님이 보시는 방식과 같은 방식으로 당신도 보기 시작해야 한다. 당신이 유럽 사람, 아랍 사람, 미국 원주민, 미국의 흑인, 호주 원주민 또는 아시아 사람을 보았을 때 그들에게서 당신의 친척들을 보아야 한다. 다시 말해서 당신과 같은 가치를 가지고 있고, 당신과 같은 필요를 갖고 있는 동료로 보아야 한다. 당신처럼, 그들도 사랑, 타인의 인정 또한 진실을 찾고 있다. 당신이 깨달은 방법을 그들에게 보여 주어야 한다.

손을 앞으로 내밀어서 멜라닌 색소가 다른 사람의 손과 악수를 할 준비를 하고 길을 건너자. 선로의 다른 편으로 건너가서 다양하고도 통일된 하나의 몸으로 함께 교제하고 예배하자.

당신은 속세와 진화론의 영향력 때문에 프로그램이 되어 있기 때문에 이러한 행동을 의식적으로 선택해야 한다. 이 선택은 진실과 확실한 성경 말씀의 가르침에 근거를 두고 있고 예수님을 우리의 본으로, 우리의 힘으로 삼는 것이다. 시간이 지나감에 따라서 당신은 더 이상 세상을 본받지 않고 마음을 새롭게 하여 변화될 것이다. 그래서 나와 다른 점을 보기보다는 다른 그룹에서 온 사람을 보게 될 것이며, 그런 사람을 볼 때 곧 그 사람들이 당신의 친척이라고 생각하게 된다.

예수님의 사랑이 당신 영혼의 내면에서 일어나기 시작하면, 하나님께서 당신이 무엇을 하여야 할 지 보여 주실 것이다. 당신은 선택을 하고 행동을 할 것이다. 그런데 사실상 이러한 행동들은 당신을 통해 일하시는 주님의 사랑이다. 작은 하나의 걸음이든지 큰 도약이든지 하나님께서는 당신을 통하여 소위 인종차별주의라는 장벽, 세속적인 생각과 진화론에 의해서 우리의 마음 속에 날조된 장벽 위에 다리를 놓으실 것이다.

당신이 이렇게 생각하고 행동할 때 당신의 주변 사람들의 삶에 어떤 변화들이 생길까? 점점 더 많은 사람들이 이 대의명분을 택한 다면 세상은 얼마나 많이 변할까? 우리는 다윈의 농장을 도로 찾아서 예수님께 돌려 드리게 될 것이다. 행동할 것을 선택함으로써 우리는 진화론적인 사고 방식의 잡초를 제거하고 진실과 사랑과 이해와 온정의 씨앗을 새로 뿌리는 것이다. 바로 이것이 우리의 목적의 전부이다.

제6장
한 몸

예수께서 대답하여 가라사대
사람을 지으신 이가 본래 저희를 남자와 여자로 지으시고 …
이러므로 사람이 그 부모를 떠나서 …
그 둘이 한 몸이 될지니라.
마 19:4-5

　　이론적으로는 우리는 다른 인간 집단의 사람들을 우리의 형제, 자매 그리고 친구로 기꺼이 받아 들일 수 있다. 그러나 성스러운 계약인 결혼을 다른 인간 집단의 사람과 하는 것은 어떻게 생각하는가?

　　중국인이 폴리네시아인과 결혼을 하거나, 혹은 검은 피부색을 가진 아프리카인이 일본인과, 또는 인도 출신 사람과 밝은 피부색을 가진 미국인이 결혼한다면, 이 결혼이 성경적 원리에 맞는 것일까? 당신의 자녀가 다른 인간집단의 사람과 약혼을 하여 집으로 찾아 온다면 어떻겠는가? 당신은 다른 인간집단 출신의 상대자와의 결혼을 고려해 보겠는가?

　　결혼은 다른 인간집단의 사람에 대한 편견을 드러내기 때문에 인종차별주의를 시험할 수 있는 좋은 방법이다. 상당수의 기독교인들(특히 미국의 기독교인들)은 '인종간'의 결혼이 성경에 나타난 하나님의 원리를 위반하기 때문에 허용되어서는 안 된다고 주장한다.

그렇다면 하나님의 말씀은 정말 인종간의 결혼을 비난하고 있을까? 궁극적으로 '인종간의 결혼'이라는 것이 존재하기는 하는 것인가? 사람들이 흔히 인간집단간의 결혼이 성경적으로 금지되어 있다고 말할 때 자주 인용하는 성경구절을 살펴보자. 이들의 입장이 근거가 있는 것인가, 아니면 그들이 단지 이미 프로그램되어 있는 자신들의 편견을 정당화하기 위해 성경을 이용하는 것인가?

창세기 11장

어떤 기독교인들은 바벨탑에서 일어난 사건을 소위 말하는 '인종간'의 결혼에 반대하는 자신들의 주장의 근거로 지적한다. 이런 주장을 하는 사람들은 창세기 11장에서 하나님은 국가들이 분리되어 존손하기를 원하시며, 다른 인간집단의 사람들간에는 결혼을 할 수 없다고 말씀하고 계신다고 한다.

그러나, 이 구절에는 그런 메시지가 전혀 없다. 문맥상으로 볼 때 하나님께서는 인간들의 불순종과 교만 때문에 바벨탑에서 민족들을 흩어지게 하신 것이 확실하다. "인종"이라거나 결혼에 대해서는 단 한 마디도 나타나 있지 않다. 사실 인류 역사상 당시에는 다른 인간 집단이라는 것이 존재하지도 않았다. 인류는 동일한 언어를 사용하는 하나의 큰 집단이었다.

에스라 9-10

일부 교회나 심지어 어떤 기독교 대학에서조차 "성경은 인종 간 결혼을 허락하지 않는다. 이스라엘 족속은 가나안 족속과 혼인하지 말라는 명령을 받았다."라고 말하는 것을 들은 적이 있다. 이것이 사실일까? 일부는 맞는다. 성경에서는 때때로 하나님께서 이스라엘 족속과 다른 족속의 결혼을 금지하신 경우가 있다. 그러나 금지를 명령하신 상황을 보면, 다른 족속의 '인종'이 문제가 되었던 것이 아니라 그들의 영적 상태가 문제가 되었다. 사실 이스라엘 족속과 가나안 족속은 생물학적으로 매우 가까운 사이이다. 왜 이스라엘 족속에게 가나안 족속과 결혼하지 말라고 명령하셨을까? 가나안 사람들은 이교도였기 때문에 그랬던 것이다! 하나님께서는 이스라엘 자손들이 경건하지 못한 집단에서 부인이나 남편을 취하면, 그들이 유혹을 받아 유일하신 하나님에 대한 헌신으로부터 멀어질 수 있다는 것을 아셨던 것이다(실제로도 이런 일이 여러 번 일어났다.).

사도행전 17:26

어떤 사람들은 이 성경구절이 다른 나라 출신의 배우자와 결혼해서는 안 된다는 뜻이라고 잘못 주장하고 있다. 그러나 이 말씀은 결혼과는 아무런 관계가 없다. 이 구절은 바울이 아테네의 마르스 언덕에서 그리스 사람들에게 행한 설교이다. 바울은 그리스 사람들이 믿던 우상 신들과 참되고 유일하신 하나님을 구별할 수 있는 하

나님의 속성에 대해 설명하고 있다

> 인류의 모든 족속을 한 혈통으로 만드사 온 땅에 거
> 하게 하시고 저희의 년대를 전하시며 거주의 경계를 한
> 하셨으니

존 길(John Gill)이 그의 성경주석에서 분명히 말하고 있다
시피 이 말씀은 하나님께서 세상의 만물의 주관자가 되신다는 뜻이
다. 어느 개인이나, 부족이나, 국가가 어디에서 어떻게 얼마나 오
랫동안 살아가고, 번성하고 멸망해갈지를 정하시는 분이라는 뜻이
다. 그러니, 이 말씀을 가지고 인간집단 간의 결혼을 금하셨다고 결
론내리는 것은 어불성설이다. 그런 말씀을 하신 적이 없다.

기독교인들이 인종간 결혼 금지와 같은 비성경적인 생각을 합
법적으로 강요할 때, 그들은 진화론적 관점에서 생겨난 편견을 은
연중에 돕는 역할을 하게 된다. 정직하게 말하자면, 미국과 같은 나
라들에서 기독교인들이 인종간의 결혼을 금지하는 주된 이유는 성
경적이지 않다. 그들은 선입견에서 비롯된 편견 때문에 인종간 결
혼을 반대한다. (게다가 수년간에 걸쳐 너무나 많은 인종간의 혼합
이 있었기 때문에 많은 사람들의 경우 자신들이 어떤 집단에서 유래
하였는지를 추적해 알아내기가 불가능한 것이 현실입니다.)

친지와의 결혼은 어떠한가?

친척과 결혼할 수 있는가? 많은 기독교인들이 친척과 결혼할

수는 없다고 생각한다. 그런데, 당신이 친지와 결혼하지 않는다면, 당신은 인간과 결혼할 수 없다. 그건 정말 큰일이다! 우리 모두는 친척간이다. 사실 좋든 싫든 당신과 나와도 친척이다.

창세기 5장 4절에는 아담과 이브가 아들 셋을 포함해 여러 아들과 딸을 낳았다고 기록되어 있다. 우리 모두는 한 남자와 한 여자에게서 난 사람이다. 그들이 인류의 조상이었다. 태초에는 남자는 누이와 결혼할 수밖에 없었다. 주위에 결혼할 다른 사람이 없었다. 유일한 선택은 친 형제 자매들이었다. 다음 세대는 형제자매와 사촌들 사이에서 선택할 수 있었다. 이것이 상당기간 동안 수용되어 온 결혼의 기준이었다. 레위기 18-20에서 모세의 율법이 이 상황을 바꾸었다.

> 각 사람은 자기의 살붙이를 가까이 하여 그의 하체를 범하지 말라 나는 여호와이니라(레 18:6).

이때부터 인류는 친지와 결혼을 금지했다. 왜 레위기 18-20장이 기록되기 전에는 가능했던 결혼이 이후에는 금지되었을까? 왜 하나님께서는 모세의 시기에 이것을 바꾸셨을까?

하나님께서 아담과 이브를 창조하셨을 때, 그들은 완벽했다. 그러나 아담은 죄를 지었고 그 죄로 인해 하나님께서는 더 이상 모든 것이 완벽하게 돌아가게 하지 않으셨다. 유전적 돌연변이가 생겨나, 다음 세대로 유전정보가 전달될 때 돌연변이도 같이 전달되게 된다. 6,000년이 지날 때까지 사람 DNA는 유전적 짐이라고 부르는 돌연변이로 가득하게 된다. 형제 자매와 사촌은 동일한 돌연변이를 가질 확률이 높다. 그래서 근친 간에 결혼을 한다면 큰 문

제가 일어날 수 있다. 동일한 돌연변이가 모이게 되면, 그 자손대
에 기형과 주요 문제가 발생할 확률이 높아진다. 당신과 배우자의
관계가 멀면 멀수록 두 사람이 유전자의 다른 부분에서 돌연변이를
가질 확률이 높아지고 결국 배우자의 건강한 유전자가 돌연변이를
치유해 건강한 자손을 가질 확률이 높아진다. 당신이 3대나 4대에
걸쳐서 인척관계가 없는 사람과 결혼한다면, 돌연변이 유전자가 보
통은 발현되지 않게 될 것이다.

그러므로 성경은 충분히 떨어진 다른 인간집단의 친척과는 결
혼할 수 있지만, 너무 가까운 친척과는 더 이상 결혼할 수 없다고
말하고 있다.

같은 멍에를 지기

이 장의 초반부에서, 우리는 과학과 성경 모두에서 '인종'과
'인종간 결혼'이라는 것은 실제로 존재하지 않는다는 것을 살펴보았
다. 그러나 현실에는 한 인종만 있는 것이 아니어서 '인종간 결혼'이
라는 것이 존재한다. 혼란스러운가? 요점을 짚어 보자. 생물학적으
로는 오직 한 종의 인류만이 존재한다. 그러나 성경은 호모사피엔
스에는 두 종류의 영적 인종이 있고, 이들은 결혼을 통해 혼혈이 되
지 않아야 한다고 분명히 말하고 있다.

너희는 믿지 않는 자와 멍에를 같이 하지 말라. 의
와 불법이 어찌 함께 하며 빛과 어두움이 어찌 사귀며
(고후 6:14).

이 말씀은 밝은 색과 어두운 색의 피부에 관하여 말하고 있는 것이 아니라, 영적인 빛과 어둠에 대한 것이다. 기독교인은 절대로 고의로 비기독교인과 결혼해서는 안 된다. 바울이 멍에로 비유한 것은 결혼 관계를 시각적으로 이해시키려는 의도이다. 멍에는 두 마리의 소를 같은 일을 하도록 묶는 역할을 한다. 만일 두 마리의 소에 멍에가 제대로 씌워져 있지 않다면 결과는 재앙일 것이다. 멍에가 제대로 씌워지지 않았다면 두 마리의 소는 같이 일하지 않고 서로 다른 방향으로 가려고 하며, 일을 엉망진창으로 만들 것이기 때문이다.

결혼의 주요한 기능 중의 하나는 경건한 자녀를 생산하는 것이다.(말 2:15) 가족은 하나님의 말씀에서 규정한 인간의 모든 제도 중 처음이자 가장 근본적인 것이다. 가족은 주님에 대한 지식을 한 세대에서 다음 세대로 전달하도록 하나님께서 사용하시는 가장 기본적인 교육 단위이다.

기독교인들은 경건한 자손들을 양육하여서 다른 경건한 자손과 결혼하게 하여 다시 그 경건한 자손을 양육하여야 한다. 이렇게 하여 기독교적 세계관이 문화에 침투될 것이다. 이러한 일들을 통하여, 하나님께서는 주 안에서 하나가 된 족속을 구원하고 계신다. 성경의 갈라디아서 3장 28절, 골로새서 3장 11절, 로마서 10장 12-13절은 구원에 있어서 남자와 여자, 유대인과 헬라인 사이의 차별이 없다고 명확히 밝히고 있다. 그리스도 안에서 민족들 사이에 구분은 사라지게 된다. 기독교인으로서, 우리는 그리스도 안에서 하나되어 한 가지 목적, 즉 우리를 창조하신 그분을 위한 삶을 살아드리게 되는 것이다.

마태복음 19장과 에베소서 5장에서, 바울과 예수님께서는 남편과 아내가 '하나'가 되었다고 말씀하신다. 어떻게 하나가 될까요? 부부는 육체적으로 영적으로 하나가 된다. 그리스도 안에서 이러한 하나됨은 결혼을 이해하는데 중요하다.

성경에 따르면 다음 그림들 중에 어떤 결혼이 하나님께서 금지 하신 결혼일까?

정답은 확실하다. 3번이다. 성경에 따르면 기독교인은 기독 교인과 결혼해야 한다. 슬프게도 어떤 기독교인 가정에서는 자녀가 같은 영적 '인종'과 결혼하는가 아닌가 하는 것보다 다른 생물학적 '인종'과 결혼하는 것을 더욱 걱정하는 현상을 보게 된다. 기독교인 이 믿지 않는 자와 결혼을 하면 혼인에 있어 영적 하나됨을 부인하

는 것이 되고 결과적으로는 혼인한 두 사람과 자녀들에게까지 부정적인 영향을 끼치게 된다.

라합과 룻의 예를 통해서, 인간집단은 서로 달랐지만 하나님에 대해 동일한 믿음을 가졌던 사람들 간의 결혼을 하나님께서 어떻게 생각하시는 지를 알 수 있다.

라합은 가나안 사람이었다. 가나안 족속은 경건치 못한 문화를 가지고 있었다. 그렇지만 마태복음 1장에서 이스라엘 사람인 그리스도의 탄생을 보여 주는 족보에서 라합을 찾을 수 있다. 함 족속의 후예인 라합은 셈 족속인 이스라엘인과 혼인했던 것이다. 이것은 하나님께서 허락하신 혼인이었기에 특정 생물학적 족속 출신 이라는 사실이 중요한 것이 아니라, 그녀 인생의 한 순간에 이스라엘의 하나님을 신뢰하는 믿음으로 라합이 그녀의 영적인 '족속'을 바꾸었다는 것이 중요하다는 것을 보여 주고 있다.

모압 사람이면서 이스라엘인과 결혼한 룻도 같은 예이다. 그녀도 마태복음 1장의 그리스도의 족보에 올라 있다. 결혼 전에 룻은 참 하나님에 대한 믿음을 고백했다(룻 1:16). 그리고 룻과 그녀의 새 남편과의 혼인은 하나님께서 축복하시고, 이 결혼을 통해 이 세상의 수많은 사람들을 축복하셨다.

라합과 룻이 하나님의 자녀가 되었을 때, 그들이 비록 다른 '인간집단' 출신이었지만 이스라엘 족속과 결혼하는데 아무런 어려움이 없었다. 같은 영적 민족이 되면 이스라엘 백성과 자유롭게 결혼할 수 있었다. 이것이 결혼문제의 핵심이다.

'인종간'이란 표현을 쓰고 싶다면, 하나님께서 금지하신 진정한 '인종간의' 결혼은 마지막 아담의 자녀(그리스도 안에서 새로 태어난 피조물인 기독교인들)이 변화되지 않은 최초의 아담의 자녀

(죄와 불법으로 인해 사망한 비기독교인)들과의 혼인이라는 것을 알아야 한다. 느헤미야 9장, 10장과 민수기 25장에는 금지된 혼인과 그로 인한 부정적 결과가 예시되어 있다.

그럼, 데이트는 어떤가?

결혼에서의 인종문제가 충분히 다루어졌으므로 이제 구애를 하거나 데이트를 할 때 염두에 두어야 할 몇 가지 사항을 고려해 보자. '인간 집단'은 확연히 다른 문화, 언어, 지리, 정치, 종교를 가진 사람들의 모임이라고 정의된다. 우리는 이미 종교적 차이에 대해서 논의한 바 있다. (기독교인들은 기독교인들과만 결혼해야 합니다. 그러므로 자연히 기독교인들은 기독교인들하고만 데이트를 하는 것이 지혜롭다는 것이 분명해진다.)

그러면 인간집단을 구별하는 다른 주변인들에 대해서는 어떻게 하면 좋을까? 바벨탑 사건 이후로 많은 인간집단들이 분리되어 살아왔기 때문에 각각 다양한 문화, 언어, 지리적 차이점을 가지게 되었다. 다른 문화적 배경을 가진 두 사람이 결혼을 하면 비록 같은 기독교인이라 할지라도 여러 문제에 대해 소통의 어려움을 느낄 수 있다. 마치 어떤 사람이 자신이 자라난 토양에서 뿌리채 뽑혀 외국 문화라는 다른 토양으로 이식되는 것과 같다. 다른 친척들과 관계에 관한 기대도 다를 수 있다. 심지어 영어를 말하는 문화권에서 온 사람들 사이에서도 문화적 차이로 인한 소통의 어려움이 존재할 수 있다.

다른 인간 집단 출신의 사람과 데이트 하는 것이 나쁘다고 말하는 것은 절대 아니다. 오히려 남녀 모두 예수 그리스도를 믿는다는 공통점을 기반으로 하여 활기차고, 다양하며, 오랜 세월 동안 진실되고 아름다운 연합을 이룬 무수히 많은 사람들이 있다. 제가 말씀드리고자 하는 것은 이런 다른 인간 집단간의 만남이 특별한 도전에 직면할 수 있다는 것이다. 이런 관계를 시작하려면 특별한 감수성과 이해심을 필요로 한다. 저는 이런 커플이 전문 상담자를 만나서 문화적 차이와 서로 간에 생길 수밖에 없는 오해를 잘 헤쳐나가도록 도움을 받기를 추천한다. 그렇지만 이런 문제들이 유전적이거나 '인종' 문제가 아니라는 것을 명심하시기 바란다. (많은 커플에 의하면 그들이 직면한 가장 큰 도전은 문화적 차이가 아니라 성별의 차이라고 한다. 즉 남녀가 서로 다르기 때문에 자기와 다른 성의 사람과 사귀는 법을 배워야 한다는 것이다.)

요점은 어떤 인간집단 출신의 사람이라도 그들이 마음과 목숨과 뜻을 다하여 하나님을 사랑한다면 (다른 특별한 성경적 문제가 없다면) 성경은 그 두 사람의 결혼을 반대하고 있지 않다.

배우자를 선택할 때는, 하나님께서 사무엘에게 하셨던 말씀을 생각하기 바란다. 외모만 보지 말고 그 사람의 내면적인 모습을 보기 위해 최선을 다하라.

여자들이여, "그 남자 키도 크고 멋진 미식축구선수야. 그 남자랑 데이트해야지. 아마 결혼에 성공할 수도 있을 거야."라고 생각하지 말라. 외모는 결혼과 아무런 관계가 없다. 가장 중요한 것이 무엇인지 아는가? 그것은 "그 사람이 마음과 목숨과 뜻을 다하여 하나님을 사랑하나?"라는 질문이다.

남자들이여, 여자를 만날 때 "야, 예쁘구나. 매력 있어."라고 생각하기보다는 그녀가 마음과 목숨과 뜻을 다하여 하나님을 사랑하는 지를 살펴보라. 껍데기가 중요한 것이 아니다. (남자분들은 이 것을 기억하라. 외모는 시간이 지나면 바뀐다!) 외모에 반해 사랑에 빠지면, 사랑이 식게 되지만 내면을 보고 사랑에 빠지면 그 사랑은 절대 식지 않는다. 이 점을 생각하라.

삽과 곡괭이를 들자

지금은 매우 흥미로운 시기이다. 세계적으로, 우리나라의 곳 곳에서, 우리 도시나 교회의 구석구석에서 우리는 인류가 "하나의 혈통"이라는 성경의 말씀을 실감하고 있다. 곳곳에서 변화가 일어 나고 있다. 작고 눈에 띄지 않는 것도 있고, 큰 단위로 일어나는 것 도 있다. 여전히 큰 반대에 부딪히고 있는 것이 사실이다. 이 세상 에는 아직도 죄와 타락의 결과가 기승을 부리고 있다. 인종차별적 증오, 편협한 맹신, 종족 학살마저 여전히 만연하다. 그렇지만 변 화는 시작되었다. 가장 중요한 변화는 다른 곳에서 일어나고 있는 것이 아니다. 지금 일어나고 있는 가장 중요한 변화는 바로 당신의 마음과 심령에서 일어나고 있는 그것이다. 당신의 심령을 성경적 사실과 과학적 증거에 따라 변화시키고 여러 사실들을 심령 깊숙이 빨아들인다면, 당신의 삶에 내적 변화가 생기게 되고, 그 변화가 당 신 주변의 삶으로 흘러 넘치게 될 것이다.

이제 이 흥미진진한 변화의 대열에 동참할 준비를 하라. 하나 님께서는 당신이 다른 종류의 새 추수를 하도록 부르고 계신다. 교 회가 연합된 한 몸으로 힘을 합하여 함께 일할 때, 새로운 변화를 퍼뜨리는데 없어서는 안 될 도구로 쓰임 받게 될 것이다. 우리의 삽

과 곡괭이로 다원주의의 뿌리와 열매들이 파헤쳐지고 있다. 지금
하나님께서 이 땅에 인종차별을 뿌리뽑도록 하나님의 교회를 부르
고 계신다. 그리하여 땅이 새로워져서 그곳에 새로운 농장을 이룰
씨를 뿌리고 가꾸기를 원하고 계신다. 그 새 농장은 은혜의 관계라
는 땅에서 일구어 낸 것이다.

제7장
은혜의 관계
찰스 웨어

이후에 내가 보니 각 나라와 부족, 민족, 언어로부터
아무도 능히 셀 수 없는 큰 무리가 나와
흰옷을 입고 손에 종려나무 가지를 들고
보좌앞과 어린양 앞에 서서 큰소리로 외쳐 이르되,
구원하심이 보좌에 앉으신 우리 하나님과 어린양에게 있도다.
계 7:9-10

　　사도 요한은 그리스의 밧모섬에 유배되어 있는 동안 계시 즉, 앞으로 일어날 일에 대한 비전을 받았다. 그의 마음 속에 놀라울 정도로 중대한 일의 그림이 펼쳐지고 있었다. 각 사람 집단의 수많은 사람들이 연합된 한 몸으로 주 되신 구세주, 예수 그리스도께 경배를 드리고 있는 모습이었다.

　　"그들이 새 노래를 불러 이르되, 두루마리를 가지시고 그 봉인을 떼기에 합당하시도다; 일찍이 죽음을 당하사 각 족속과 언어와 민족과 나라 가운데서 사람들을 피로 사서 하나님께 드리시고 그에게 이르게 해주셨다." (계 5:9)

　　하나의 피로써(예수의 희생), 하나님께서는 모든 족속과 언어와 민족과 나라로부터 사람을 불러 은혜로써 새로운 가족을 창조하시고 그의 영광으로 찬양하게 하신다. 천국에 있는 하늘의 도시는 첫 아담의 죄가 없는 범세계적인 사회가 될 것이다. 그곳에는 밤도 없을 것인데, 이것은 하나님께서 스스로 그들의 빛이 되실 것이기 때문이다. 모든 눈물이 닦여지고, 하나님과 예수 그리스도의 은혜가 통치하실 것이다.

이것이 우리의 미래다. 이것이 교회의 운명이며 오늘날 이 땅의 교회는 이러한 천국의 실제 모습을 지구에서 예표하는 것이다.

교회가 다원주의적인 "인종"이라는 분리의 관계를 극복하여 은혜의 관계에 이를 것을 우리가 감히 꿈꿀 수 있을까? 십자가로 인해 연합되고 성경으로 통치되는, 사랑의 관계는 화해에 이르게 한다. 문화적 그리고 민족적 배경을 넘어선 그리스도인 사이의 이러한 관계는 네온 사인 같아서 은혜가 우리를 그리스도를 따르는 자로 변화되고 구별되도록 해 준다(요 13:34-35).

다문화 교회란 "성도의 80퍼센트 또는 그 이상의 사람들이 어느 한 사람 집단에 속하지 않는" 기독교인의 집단이다.[54] 천국의 실제 모습의 예표라는 말과는 전혀 다르게 전 미국의 교회들 중 6퍼센트 이하의 미국 교회들만이 다문화로 분류된다. 이러한 통계는 실망과 낙담, 또는 부인이라는 어두운 감옥에 우리를 묶어 둔다. 우리는 역기능적 관계의 오염된 역사에 묶여 있는 것 같다. 감히 교회가 새 날이 밝는 것을 꿈꿀 수 있는가? 현재의 통계가 교회 역사를 종결 짓는 결론이 되야 하는가? 나는 그렇게 믿지 않는다. 하나님께

---

54. Curtiss Paul DeYoung, Michael O. Emerson, George Yancey, and Karen Chai Kim, *United By Faith* (New York, NY, Oxford University Press, 2003), p. 3.

서는 현재의 통계가 보여 주는 것보다 훨씬 더 다채로운 색상의 그림을 그의 은혜로 그리기를 원하신다!

역사는 여전히 하나님의 손에 의해 그 분의 사람들을 통해 쓰여지고 있다. 21세기의 교회를 규정짓는 이미지는 아직 결정되지 않았다. 은혜가 역기능적인 관계의 사슬을 풀고 다문화 교회라는 아름다운 색상의 오색 주단을 짜낼 수 있게 할 수 있다. 은혜는 21세기를 화해의 세대로 만들 수 있다.

교회가 "인종" 관계보다는 은혜의 관계를 추구하는 것이 매우 중요하다. 은혜, 즉 그리스도의 피 값을 주고 얻은 하나님과의 화해는 과거의 죄와 현재의 소외감을 다루는 건강한 토대를 제공해 준다. 은혜의 관계는 예수 그리스도로 인한 용서와 의도적인 평화 추구, 신뢰, 일체감, 사랑하는 관계 위에 건설된다. 교회는 사회의 비난과 수치라는 게임을 넘어서야 한다. 분노과 불신, 그리고 이런 철학의 양극화가 오늘날 매우 명백하게 보이지만, 이것이 이대로 존속되어야 할 필요는 없다.

요한이 천상의 교회의 비전을 보았듯이, 나는 새로운 성경적 꿈을 추구할 것을 요구한다: 서로 다르고 각각 나뉘어졌던 사람들이 이제는 신뢰하고 사랑하는 관계 속에서 성장하는 땅 위의 교회 공동체의 모습이다(롬 15:1-7). 그것은 하나님의 은혜가 실현할 수 있는 꿈이다.

우리는 하나님의 지혜와 사랑이 교회를 통해 나타나고 실현될 수 있다는 것을 담대하게 꿈꾸어야 한다(엡 3; 요 13:34-35). 이것이 은혜의 관계에 관한 꿈이다.

은혜의 관계 D.R.E.A.M.은 다음의 다섯 요소로 구성된다 :

D: 꿈 (Dream), 성서에 의해 영감을 받은 꿈

R: 현실(Reality) 진단

E: 기대(Expectations) 도전에 대한 기대

A: 적용(Applications) 지역사회에 적용

M: 측정(Measurable) 가능한 후속 조처

이것은 이 땅에서 시작되어 하늘나라에서 끝나는 여행에 관한 꿈이다. 이 장에서 우리는 우리의 현재 상황에 대한 현실적인 측정과 예상되는 장애와 도전의 대가를 측정하는 한편 미래의 꿈을 붙잡아보도록 하겠다. 그 다음에, 마지막 장에서는, 하나님께서 우리를 특정한 용도와 측정 가능한 단계를 위해 부르신 것을 따라 "말씀의 실천자"가 되도록 해 보겠다.

성서에 영감 받은 꿈들

뉴욕 항구의 자유의 여신상은 다양성과 하나됨을 열망하는 미국의 강력한 상징으로 서 있다. 여신상 위에 쓰여진 글은 더욱 강력하다:

피곤하고, 가난한, 자유를 숨쉬기
열망하는 무리를 나에게 다오
너의 해안에 가득 찬 그 불쌍한 자들을!
집도 없이, 폭풍우에 시달린 자들을 나에게 보내라

내가 황금문 옆에서 등불을 높이리라.[55]

이것도 강력한 글이지만, 은혜의 상징과 말씀은 자유의 여신상에 새겨진 글보다 더욱 강력하다.

은혜의 상징은 그리스도의 십자가이며 성경에 새겨진 말씀은 이렇게 말하고 있다. "하나님이 세상을 이처럼 사랑하사 독생자를 주셨으니, 그를 믿는 자는 죽지 않을 것이고, 영생을 얻으리라"(요한복음 3:16).

천국은 다양한 공동체일 것이다. 천국의 시민은 다양한 민족, 성별, 문화, 경제상태, 교육적 수준, 사회, 지역, 나라의 배경에서 온 사람들을 포함할 것이다. 천국은 그리스도를 통해 창조된 사랑의 관계로 인해 다양하면서도 평화로운 사회가 될 것이다. 십자가를 통한 용서에 이르는 은혜와 진리를 통한 변화는 죄로 인해 깨어진 관계를 재결합시키고 치유해 준다(엡 2:14-22). 십자가는 이러한 일체감이 쉽거나 값싸게 얻어지지 않았다는 것을 우리에게 상기시켜 준다.

교회는 이 은혜의 상징과 말씀에 합당하게 살 필요가 있다. 하나님께서는 개개인을 부르셔서 이 땅의 다양한 은혜 공동체인 교회가 하늘나라의 실제를 추구하도록 하시는데 그것은 쉽거나 값싸게 되지는 않을 것이다. 그러나 은혜 관계의 꿈이 하나님의 마음에서 시작되었고 하나님께서 이 꿈을 성경을 통해 하나님의 사람들의 마음에 심어준다는 사실, 이것이 꿈꾸는 자들에게 용기를 주어야 한다. 하나님께서는 화해와 은혜 관계의 사역을 수임받은 사도 바울에게 그 꿈을 보여 주셨다(엡 2-3). 하나님께서는 지금도 인종적으

---

55. The Statue of Liberty-Ellis Island Foundation, Inc. http://www.statueof-liberty.org/default_sol.htm

로 소외된 자들이 은혜의 가족을 이루도록 하는 사역을 위하여 은혜로 사람들을 구원하시고 부르시고 계신다. 은혜는 구별되어 하나님을 믿는 유대인을 복음의 겸손한 전달자로 변화시켜서 이방인의 가정에 이르게 했으며(사도행전 10-11), 은혜는 이 방향으로 지속적으로 일한다.

인종적 결속의 경계를 의도적으로 넘어서서 하나님의 가족으로 재결합할 사람이 오늘날 필요하다.

다양한 배경을 지닌 그리스도인들이 서로간의 사회적 관계를 만들어 가도록 해야 한다. 그것이 크로스로드 성서 대학[56]을 향한 우리의 꿈의 필수적인 부분이다. 우리는 성서적으로 다양한 환경에서 지도자들이 교육을 받게 됨에 따라, 많은 이들이 그 꿈을 잡고 은혜 관계 운동을 창조하고 섬기는 하나님의 도구가 될 비전을 갖고 있다. 이 글을 쓰는 현재, 이 대학은 52.5 퍼센트가 "백인"이고, 47.4 퍼센트가 "흑인"이며, 0.02 퍼센트가 "다른 인종"이다. 이 대학에는 또한 다양한 세대와 성별이 있다: 19세 이하의 학생이 2명; 19-25세가 10명; 26-40세가 35명; 41세 이상의 학생이 45명이며; 남성이 62퍼센트, 여성이 38퍼센트이다. 게다가, 직원들과 이 사진은 모두 다양성의 본보기이다.

꿈은 실제가 되고 있다. 예를 들면, 제레미 크로우(Jeremy Crowe)는 퍼듀(Purdue) 대학에서 크로스로드성서 대학으로 왔다. 제레미는 시골의 "백인" 공동체에서 성장했는데 크로스로드 대학에 있는 동안, 도시의 다문화 사역에 대한 꿈이 그를 흔들어 놓았다. 제레미는 시카고의 다인종 도시의 장소인 아미티지 침례 교회

---

56. Crossroads Bible College, www.crossroads.edu, 601 N Shortridge Rd. Indianapolis, IN 46219, (317)352-8736.

(Armitage Baptist Church)에서 인턴으로 봉사했다. 크로스로드 대학 졸업 후, 그는 아미티지의 직원이 되었고, 도시 교회 개척을 이끌었고, 필리핀 출신의 믿음이 신실한 자매와 결혼했다. 하나님의 은혜는 제레미를 은혜의 관계 전도자로 변화시켰다.

하나님의 꿈은 믿는 자의 마음에 하나님의 말씀의 씨앗이 잉태될 때 태어난다. 이러한 씨앗들은 강력한 것들이다. 그 꿈이 사랑을 추구하는 다양한 사람들 안에서 자라나면, 은혜의 관계는 번창하고, 새로운 형태의 농장이 세워지는 것이다. 다윈의 농장이 선입견적인 인종차별주의와 불완전한 과학적 관찰이라는 얕은 토양에 심어졌다면, 은혜 관계는 성서에 기록된 대로 하늘 나라의 꿈에 깊이 뿌리 내린 꿈이다. 그러나 여기에도 여전히 해야 할 일들이 많다.

현실 점검

주일 오전 11시가 한 주간의 시간 가운데 문화적으로, 인종적으로 가장 격리된 시간이라는 데에는 반박할 여지가 없다. 많은 성도들에게 있어서, 다문화 교회는 우선시되는 요소가 아니다. 어떤 이들은 그것을 추구하는 것이 주의를 산만하게 하고 비현실적이며, 단지 관용이라는 개념을 잘못 해석한 사회를 그대로 모방하는 것이라고 생각한다. 따라서 다문화 교회 운동이 어떤 이에게는, 기껏해야, 주의를 산만하게 하는 것이고, 최악의 경우에는 교회의 도덕적 조직을 흐트러뜨리는 기만이 된다는 것이다. 그럼에도 불구하고 공동체 내의 빠르게 변화하는 인구 통계는 교회가 이전을 하거나, 없어지거나, 또는 다양한 교회를 위한 성경적 꿈을 이루어내기 위해 노력하도록 교회에 도전을 준다.

또 다른 현실은 이 꿈을 공유하는 많은 "백인" 성도들이 어떻게 다문화 교회를 시작해야 하는지 혹은 다문화 교회로 전환해야 하는지에 대해 혼돈을 느끼거나 무지하다는 점이다. 나는 지난 36년 동안 다양한 방법, 즉 말하기, 쓰기, 또는 상담하기 등으로 화해라는 주제와 관련을 맺어왔다. 나는 다문화 교회를 촉진하고자 하는 좋은 의도를 지닌 성도들이 갖고 있는 많은 오해를 보아 왔다(내가 관찰한 리스트는 부록 B에 나온다). 비록 그 동기가 대개 순수하지만, 이해의 부족이 계획들을 실패로 이끈다.

이러한 부분에 관해 자신의 이해가 부족하다는 것을 깨달은 한 목사가 그의 교회를 다문화 교회로 바꾸기 위해 필요한 지혜를 구했다. 인디애나 주의 포트 웨인(Port Wayne) 근처의 은혜모임교회(Grace Gathering Church)의 크리스 노만(Chris Norman) 목사는 단일 문화 교회를 다문화 교회로 전환시켰다. 그의 박사학위 논문은 이 전환 과정에 필요한 실용적인 지혜를 발견하는데 도움이 되도록 구성되었다. 다문화 환경에 대한 의도성과 발달 방안의 필요성에 관한 논의 후, 노만은 다음과 같이 다문화 교회의 열 가지 특성을 제시했다:

1. 신학적이고 인구 통계적인 필요에 의해 촉진된다
2. 리더십에 의해 인도되고 성도들에 의해 의해 받아들여진다.
3. 대표성 있는 리더십
4. 획일성이 아닌 일체성
5. 포괄적인 예배
6. 화해와 타자성

7. 지속적인 관계 발전
8. 다문화적 의사 소통
9. 반대 극복과 비용 측정
10. 장기적 인내

이러한 열 가지 특성은 다른 이들이 이해하지 못하여, 꿈이 깨어져 버린 결과를 탐색하게 해 준다. 실제적 사실은 하나님의 은혜는 깨어진 꿈을 회복시킬 수 있다는 것이고 다시 한번 노력하고자 하는 사람들에게, 하나님께서는 꿈을 현실로 만드는 일을 여전히 하고 계신다는 것이다.

도전에 대한 기대

그레그 에너스(Greg Enas)는 은혜 관계의 전도자가 되는 그의 개인적인 체험을 다음과 같이 이야기해 주고 있다.

나는 캘리포니아(California) 주 버클리(Berkeley)에서 태어나서 16세까지 자랐다. 이 시기는 60년대와 70년대 초반으로 미국이 격변하던 시기였는데, 모든 사람의 시선이 급격한 변화와 사회적 혼란으로 인해 버클리/오클랜드(Berkeley/Oakland)에 집중되고 있었다.
나는 인종적으로 섞여 살던 지역에서 살았는데 우리 동네는 '기차길' 서쪽 지구인 아프리카계 미국인이 많은 동네와 언덕 위의 캘리포니아 주립대 사이에 위치한 일종의 완충지대였다.

나는 마틴 루터 킹(Martin Luther King Jr.) 목사가 암살된 1968년의 그 운명적인 날까지 내가 백인 아이라는 것을 모르고 지냈다. 그날 뉴스를 접하자 학교에서 일찍 귀가조치를 시켰던 사건을 잊을 수 없을 것이다. 흑인 아이들이 흥분하여서 길거리를 뛰어다녔고, 폭력과 파괴를 선동하였다. 그날부터, 많은 흑인 친구들이 나에게서 거리를 두고 가까운 곳에 본부를 둔 건방진 검은 표범 당(Black Panther Party)처럼 행동하고 옷을 입고 다니기 시작했다.

나와 같이 다니던 소수의 흑인 친구들은 그들의 친구들로부터 "흰둥이 놈"과 어울린다고 욕을 먹어야 했다. 나는 매일 아침 학교 가기 전 창문 앞에 서서 밖을 내다보며 갱들이 사라진 것을 확인한 후 비교적 안전한 학교를 향해 뛰었다(그나마 거리보다는 안전했다). 나와 학교의 많은 백인 아이들은 자주 협박 당했다. 백인들이 그 동네에서 떠나기 시작했다. 나의 가족은 교외로 피신할 수 없었기 때문에, 그냥 그곳에 머물렀다. 나는 내 팔 위에서 가장 짙은 색의 주근깨를 찾아서 손가락으로 가리키며, 하나님께 "하나님, 왜 저를 이 색깔로 만들어 주시지 않으셨습니까?"라고 물었던 것을 기억한다.

하나님께서는 나의 약함 속에 그 분의 은혜가 내게 족하다는 것을 보여 주심으로 그 기도에 응답하셨다. 나는 중학교 시절, 시편에 나오는 다윗의 기도문으로 울부

짖으며 나의 마음을 하나님께 쏟아내는 것을 배웠다. 하나님께서는 나에게 나를 탄압하는 사람들에 향한 부드러운 마음을 주셨는데, 왜냐하면 그리스도 안에서 나는 그 답을 보았기 때문이다. 버클리는 인종 통합을 위해 처음으로 버스를 사용한 미국의 주요 학교였다. 학생들을 버스로 같은 학교에 데려다 줬는데, 도착 즉시 학생들은 각자의 분리된 길을 가는 것이었다. 흑백의 사회적 조화를 이루기 위해 시도했던 다른 모든 제도들은 실패했다. 인간이 "피부색의" 문제를 풀고자 노력하고 실패하는 동안, 오직 그리스도만이 "죄"의 문제를 해결하고 뜻을 이루신다는 것을 진정으로 알게 되었다.

나의 몇몇 흑인 친구들과 나는 우리의 도시 교회에서 소년단체(Boys Brigade)에 참여했고 그리스도를 알아가는 달콤한 동료애를 경험했다. 하나님께서는 나로 하여금 나를 괴롭히는 사람들을 용서하도록 하셨고 가난하고 억압받는 사람들을 위하는 마음을 주셨다. 나는 도심에서 그리스도를 섬기는 특권을 누리며, 도시 내의 다양한 인종과 사회 경제적 배경의 아이들에게 전통적인 교육을 제공하는 그리스도 중심의 학교를 시작할 수 있었다.

비록 그 길은 매우 어려웠고, 두려움과 분노가 일었고, 진짜로 마음이 부서졌지만, 나는 성경의 요셉이 말한 대로 "당신들은 나를 해하려 하였으나 하나님께서 그것을 선으로 바꾸셨다'고 말했다. 지혜로운 자를 미련하게 하고, 매인 자를 속량하며 자유케 하는 것은 우리를

구원하시는 그리스도의 은혜이며, 주님의 부활의 능력이
며, 고통의 교제이기 때문이다.[57]

　도전을 예상하지 않는 사람들은 종종 실망에 빠지게 된다. 이
런 사람은 '만약 하나님으로부터 비롯된 꿈이고, 그의 말씀으로 증명
되고, 은혜로 얻는 승리라면, 은혜 관계는 쉽게 이루어질 것이라고
생각했기 때문이다. 그러나 진실은, 승리에 이르는 길은 혼란과 대
립, 그리고 개인적 안락에 근거한 반대에 부딪힐 것이라는 것이다.
　혼란은 특히 실패나 패배의 기간에 사람들의 마음을 흐리게 한
다. 많은 꿈꾸는 사람들이 이 외로운 순간에 이 꿈이 성경적으로 정
확한 것인지에 의문을 갖게 된다:

- 자신들과 동일한 인종적 문화적 배경의 사람들과 함께 친구
  가 되고 예배하는 것을 원하는 사람들이 무엇이 잘못된 것
  인가?
- 왜 그렇게 많은 근본주의/복음주의 지도자들이 성서가 인종
  분리를 지지한다고 믿었던 것일까?
- 왜 나의 부모님께서는 통합된 교회를 그렇게 반대 하시는가?
- 왜 다른 인종 집단에서 친구를 찾으려는 나의 시도가 실패
  했는가?
- 왜 나와 같은 인종 사람들은 단지 내가 다른 인종의 사람들
  과 친분을 쌓으려고 한다는 이유로 나를 변절자나 배신자로
  여기는가?
- 왜 나는 내가 하지도 않은 태도나 행동 때문에 비난을 받아야

---

57. Greg Enas, Unpublished Testimony, Indianapolis.

하는가?

- 다양한 교회를 촉진하는 것이 교회 안에서 도덕적 혼란을 야기할 것인가?
- "나와 같은 인종의 사람"이 통합을 통해 이용을 당하게 될 것인가?
- 왜 우리 교회에는 나와 같은 인종의 사람들이 그렇게 많은 것인가?

은혜의 승리는 종종 혼란과 좌절의 시간이 지난 후에 온다. 셀레스틴 (Celestin)은 르완다(Rwanda) 출신의 후투(Hutu) 족이다. 1994년, 투치(Tutsi) 족이 그의 가족 중 7명을 살해했고 그의 교회 신도 중 70명을 살해했다. 그리스도인으로서 투치 족과 결혼한 셀레스틴은, 투치 부족 구성원들에게 용서를 베풀라는 은혜의 부름에 혼란스러웠다. 용서를 하기 위한 그의 첫 번째 시도에서, 투치 족은 그를 때리고 후투 족은 그를 배반자라고 감옥에 가뒀다. 지금 셀레스틴은 용서라는 주제로 달라스 신학 대학에서 박사 논문을 완성하고 있다! 그는 리더십과 화해를 가르치며 전쟁으로 짓밟힌 아프리카 나라에서 사역하고 있다. 은혜 관계는 종종 우리를 자연스럽게 분열로 이끄는 환경의 자연적 혼란을 극복하도록 한다.

대립은 꿈꾸는 사람이 예상해야 하는 또 다른 요소이다. 어떤 사람들은 문화와 인종적 경계를 넘어서 하나님의 가족을 통합하려는 어떤 시도에 대해서도 공개적으로 반발할 것이다. 우리는, 심지어는 성경을 믿는 교회에서조차, 어떤 사람들이 다문화 교회들에 대해 혐오감을 갖고 있다는 것을 예상할 수 있다. 나는 한 연장자로부터 켄 햄(Ken Ham)이 화해를 촉구하는 흑인인 나를 '창세기의 해답' 집회에 초대하지 않았어야 한다는 말을 들었다.

목사들은 지도자들과 교회 성도들이 자신들과 다른 사람들이 교회에 오는 것을 원치 않는다는 사실을 궁극적으로 분명히 했다는 것에 충격을 받았다. 한 신임 목사는 과거 인종차별주의로 유명했던 교외의 한 백인 교회와 백인 기독교 학교가 전향에 대해 매우 고무되었다. 다양한 성도들이 늘어나고 있을 뿐만 아니라, 그들의 마케팅 서적에서도 변화의 증거가 나타났다. 이러한 명백한 승리를 기뻐한 지 1년이 지난 후 나는 그 목사에게 연락을 취했는데 그의 리더십이 그 교회가 추구하는 방향과 다르다는 이유로 사임을 권고받았다는 소식을 듣게 되었다. 또 다른 목사는 그 교회의 새 건물의 봉헌식에서 설교를 맡기기 위해 나를 초대했다. 이 목사의 다민족 교회를 세우려는 꿈이 실현되려는 순간이었다. 다민족 교회에 필요한 여러 가지 요소들 (헌신적인 리더십, 분명한 비전, 다양한 공동체의 지역성, 다양한 직원들 등)이 모두 존재했다. 그러나, 내가 그 건물 봉헌식에서 설교한 후 얼마 지나지 않아, 그 목사는 해고되었고 그 교회는 나뉘어졌다. 그 교회의 많은 성도들이 그 꿈을 함께 나누지 못했고, 몇몇 사람들에게는 그것이 악몽같이 여겨졌다.

그 꿈에 반대하는 사람들로부터 오는 대립의 형태는 다양할 것이다. 사람들은 십일조를 내지 않거나 교회를 떠날 수도 있다. 어떤 개인들은 단체를 구성하여 변화에 맞서기도 한다. 다른 이들은 그 꿈의 비현실성을 이야기할 것이다. 성경적인 다문화의 꿈을 갖고 있는 어떤 지도자들에게는 도덕적 분별력이 없이 단지 세속적 관용만을 촉구하는 사람으로 공개적인 딱지가 붙여지거나 그와 동일하게 여겨진다.

이렇게 예상되는 대립 상황은 많은 이들로 하여금 은혜 관계의 꿈을 간단히 포기해 버리거나, 천국에 가서나 그 꿈이 실현되도록 기다리게 만든다. 그러나 진정한 꿈꾸는 자는 그러한 대립이 있을 것을 예상하며 상황이 어떻든 간에 전진한다.

"안락" 또한 예견되는 또 다른 장벽이다. 대부분의 인간은 변화에 저항하고, 어떤 꿈꾸는 자들은 미국인들이 그들의 개인적인 평화와 즐거움을 쉽게 포기할 것이라는 잘못된 기대를 가지고 있다. 우리의 차이가 우리의 편안함을 위협한다. 교육, 경제, 정치, 음악적 취향에 관한 서로 다른 시각들이 교회 공동체에 긴장을 조성한다. 부자와 가난한 자, 교외 거주자와 도시 거주자, 노인과 젊은이, "흑인"과 "백인," 이 모든 서로 다른 사람들이 그리스도를 함께 예배하기 위해서 고군분투한다. 정치적으로 양극화된 사회에서는, 반대파 정당의 사람들과 함께 어울리는 것이 교회 내에서조차 불편할 수 있다. 음악 또는 소위 "예배 전쟁"이 분리된 교회로부터 다양한 예배를 갖춘 교회(전통적, 현대적, 등)에 이르기까지 각양의 형태로 지역 교회에 나타나게 되었다. 마치 춤추는 것을 처음부터 다시 배우기 시작하는 것처럼 이상하게 느껴지고 남의 발을 밟는 것처럼 느껴진다.

다문화 교회를 꿈꾸는 사람들은 이러한 갈등들에 관해 솔직해야 한다. 다양성은 종종 우리를 우리의 안락 지구밖으로 밀어낸다. 그러나 이것은 피하기보다는 포용해야 한다! 우리의 경계선을 밀어내고 새로운 방식으로 경계를 확장하면, 우리는 우리가 전혀 예상하지 못했던 영역에서 성장할 수 있고, 우리는 단일 문화 경험에서는 상상할 수도 없었던 즐겁고 풍요로운 믿음의 표현을 즐길 수 있게 된다.

은혜 관계는 개인적이고 집단적인 편안함의 토대 위에는 세워질 수 없다. 은혜 관계의 시각은 다른 사람들의 복지를 우리 자신의 개인적인 편안함 위에 두려고 한다. 은혜는 건강한 가족의 특징인 헌신과 존중을 실천한다. 아이들이 연관되지 않았다면 불편하고 지루하기만 한 스포츠 행사와 뮤지컬 공연으로 부모의 스케줄이 얼마나 자주 채워지기도 하는가! 가족에 대한 사랑이 동기가 되어 우리 개인적인 편안함과 즐거움을 다른 가족 구성원들을 위해 희생하게 한다.

그렇다, 긴장상태가 있을 것이고, 우리의 믿음에 부담이 생길 것이다. 그러나 우리가 하나님의 은혜를 믿는다면 어떤 축복이 우리를 기다리고 있는지 누가 알겠는가? 나는 한 어떤 성도가 하나님께서 그녀의 전남편과 이혼한지 16년이 지났는데, 하나님께서 자신들이 재결합할 것을 원하신다고 믿는다는 말을 듣고 믿음에 도전을 받은 한 목사를 알고 있다. 그 목사는 그녀의 전남편에게 연락을 한 후, 이미 그가 약혼을 했고, 결혼식 초대장을 다 발송했으며, 신혼여행지도 결정됐다고 그녀에게 말했다! 그러나 모두가 놀랍게도, 그 결혼은 취소됐다. 이윽고, 그 목사는 이 아프리카계 미국인 부부의 결혼식 주례를 하게 됐다. 이 재혼은 그 부인이 16년 후 사망함으로써 다시 깨어졌을 뿐이다.

이 이야기를 "은혜"의 이야기로 만들어 주는 것은 그 남편이 여러 해 동안 교회 모임보다는 무신론자들의 모임에 참석했다는 것이다. 그는 "백인들"에 대해 부정적인 감정과 태도를 품고 있었다. 그러나 "백인"교회가 그 부인의 생의 마지막 날들 동안 그녀와 그녀의 남편에게 지극하게 보여 준 사랑이 결국 그 남편이 한 "백인"에게 인도되어 그리스도에 대한 믿음을 공개적으로 고백하도록 만들었다.

믿는 부인이 믿지 않는 남편을 거룩하게 하기 위하여 개인적인 안락을 거룩하게 한 것이다(고전 7:13-16). 한 교회가 진정한 그리스도의 사랑으로 이른바 "인종적 장벽"을 기꺼이 넘어섰던 것이다. 그 결과는 은혜를 통한 가족의 재결합과 영혼의 구원이었다.

성경에 의해 영감 받은 꿈, 현실 점검, 도전상황의 예측. 꿈의 이 세 가지 측면을 파악하는 것은 우리가 앞으로 나아가야 할 길을 예비하여 준다. 그 길은 행동과 기회의 길이며 다윈의 농장의 뿌리가 그리스도의 이름으로 믿음과 사랑의 씨앗으로 대체되는 길이기도 하다.

제8장
새 씨앗

"천국은 마치 사람이 자기 밭에 갖다 심은
겨자씨 한 알 같으니
이는 모든 씨보다 작은 것이로되
자란 후에는 풀보다 커서 나무가 되매"
(마 13: 31-32)

하나님의 은혜가 이 땅에 역사하고 있다! 반대에 개의치 말고, 꿈을 끊임 없이 추구하는 사람은 은혜로운 승리를 기대할 수 있다 (행 10-11). 렐리 워싱턴(Raleigh Washington)과 글렌 케린 (Glen Kehrein)의 경우를 한번 살펴보자.

두 사람은 흑인과 백인의 화해라는 꿈이 산산히 부서지는 경험을 했었지만 좌절하지는 않았다. 마치 인종차별이라는 거대한 농장의 작은 겨자씨처럼, 그들은 무언가 새로운 것을 심었다. 이 땅에 하늘 왕국을 보여 주는 것, 그리고 이것이 자라기 시작했다.

1983년 시카고에는 서로 알지 못하는 한 백인 남자와 흑인 남자가 몇 마일 떨어지지 않은 곳에서 마음의 상처를 입은 채 살고 있었다. 백인은 글렌 케린이라는 사람

으로 시카고 서부의 흑인 지역에 살았고, 렐리 워싱턴이
라는 흑인은 시카고 북쪽 근교의 백인 신학교에 다녔다.
한 사람은 진정한 인종 간의 화해라는 자신의 꿈이 교회
에서 산산히 부서지자 이종 문화 간의 교류에 경멸을 느
끼며 감정의 상처를 깊게 입었다. 또 한 사람은 백인보다
잘 나가는 흑인을 보지 못하는 질투심 많은 백인 때문에
자신의 모든 경력이 정당한 이유 없이 날아가 버렸다. 이
두 남자는 각각 하나님과 자신에게 적대적으로 보이는
인종과 화해를 할 필요가 있었다.[58]

각자의 사역에서 실패한 후에 하나님께서 이 두 사람을 불러
모으셔셔 개인적으로나, 사역에 있어서 긍정적인 관계를 이루게
하셨다. 그들이 보여 준 모델은 혁신적인 그들의 저서 『벽 허물기
(*Breaking Down Walls*)』라는 책에 기록되어 있는데, 많은 사람
들에게 영감과 방향 제시의 근원이 되고 있다. 이들의 여정을 기록
한 책에 대해 찰스 콜슨은 이렇게 쓰고 있다.

92년 LA 흑인 폭동 이후로 미국은 전혀 새로운 국
면의 인종 분열과 증오를 보아왔다. 이 훌륭하면서도 잘
쓰여진 책에서 렐렌 워싱턴과 글렌 케린은 현실을 또 다
른 방법으로 보여 주고 있다. 즉, 예수 그리스도를 통한
진정한 화해가 그것이다. 글렌과 렐리는 우리가 가진 다
양성을 즐거워하면서도 서로 화합하여 살도록 하는 성경

58. Raleigh Washington and Glen Kehrein, *Breaking Down Walls:
A Model for Reconciliation in an Age of Racial Strife* (Chicago, IL:
Moody Press, 1993), p. 84.

적 책무를 기독교인들에게 도전하고 있다. 그들의 관계
와 도시 빈민가에서의 헌신된 사역이 이런 일이 얼마나
어렵고, 또 얼마나 멋진 일인가를 보여 준다.[59]

지역적 적용

은혜 관계의 D.R.E.A.M을 이룩하는 것은 말로만 되는 것도
아니요, 또한 돈으로 되는 것도 아니다. 어떤 규모의 변화가 있기
위해서는 지역적 적용과 측정가능한 추후 단계를 통한 우리의 행동
에 그리스도의 사랑이 흘러야만 한다.

글렌과 렐리는 문화 간의 교제를 형성하는 원리의 표본을 고
안했다. 그 화합의 원리는 그들 각자의 삶과 타 문화 간, 도시 빈
민 사역이라는 실험장을 거쳐서 나온 것이다. 서클 얼반 사역
(Circle Urban Ministries)과 구원의 반석교회(Rock of Our
Salvation Church)는 신앙과 일을 결합하는 전인적인 사역의 파
트너이다.[60]

관계에 대한 확고한 의지
의도성
성실
민감함
상호의존

---

59. 윗참고문헌., back cover of the book.
60. 윗참고문헌., p. 241

희생

권능

소명

은혜 관계는 현실을 기꺼이 직시하고 우리가 무엇을 기대할 수 있는지를 아는 성경적인 꿈을 꾸는 자들이 필요하다. 그러나 아직까지는 관계에 있어서의 진보는 개인적이고 실용적인 적용이 없이는 아직 꿈에 불과하다. 적용할 분야는 사역하는 사람들과 문화적 상황이 다양한 만큼 다양하다. 상황적 차이는 평화적 무관심으로부터 공개적 적대감, 분리된 공동체로부터 통합된 공동체에 이르기까지, 믿음에 기초를 둔 관계로 부처 감정에 기초를 둔 관계에 이르기까지 다양하다.

2004년 태국에 세계 각지에서 48명의 사람들이 모여서 심포지엄을 갖었다. 그 주제는 "파괴적인 갈등의 세계에서 하나님의 화합의 사명을 추구하기: 특별히 인종적, 종족적, 민족적, 캐스트와 계급, 지역적 갈등의 세계에서"였다.

우리 모임 안에는 후투 족과 투치 족, 팔레스타인과 이스라엘 사람, 아프리카인, 미국과 남아프리카에서 온 유럽 사람, 사회적 특권층과 하위계층, 남성과 여성이 있었다.

우리가 분열과 복음의 능력으로 인한 화합이라는 주제에 대해 토의를 하면 할수록, 미국 내의 믿는 자들을 분열시키는 사소한 이슈들에 대해서 더 회개하게 되었다. 우리 모임의 사람들은 오늘날 분열된 사람들의 소외가 인종, 종족, 민족, 계급, 지역적인 갈등을 포함하는 이 세상의 파괴적인 역사와 분열로부터 소리쳐 부르짖고 있다고 결론지었다. 이와 같은 세상의 문제를 야기하고 심화시키는 그리스도인들의 역할 때문에, 그리고 이로 인해 복음을 증거하는 일에 해가 되기 때문에, 하루 빨리 그리스도 사회는 기도와 통찰을 통해 스스로를 돌아 보아야 한다.

우리를 분열시키는 경계가 '나는 다른 인종의 그리스도인에 대해서는 잘 몰라'로부터 '그 사람들이 내 가족을 죽였어'에 이르는 것을 생각해 볼 때, 어떤 하나의 적용 방법이 모든 상황에 통할 것이라는 생각은 어리석다. 적용 방법이 우리가 받은 은사나 공동체에 따라 다를 수 있을지는 몰라도, 하나님께서는 우리 각자가 모두 은혜의 관계를 발전시켜 나가기를 기대하신다. 인종차별의 농장이 아닌 은혜의 농장에서 준비하고, 씨를 뿌리고 수확을 거두는 일꾼들의 활동에 동참할 때가 왔다.

하나님께서는 어떻게 농장이 형성되는지 아시고, 우리 모두가 다가올 수확의 철에 일조하기를 원하신다. 성경 말씀에서 하나님은 농사의 예를 이용해서 우리 삶의 그림을 그리신다. "하나님은 업신여김을 받지 아니 하시나니 사람이 무엇으로 심든지 그대로 거두리라"(갈 6:7). 심은 대로 거둘 뿐만 아니라 성경은 우리는 뿌린 것 이상으로 거둘 것이라고 말씀하신다(호 8:7). 그뿐 아니라 우리가 인내할 것을 말씀하신다. 왜냐하면 우리의 수고의 열매는 다른 계절에 거두기 때문이다. "선을 행하는 데 피곤치 말지니"(갈 6:9-10)

우리 앞에 놓인 이 일은 결코 소홀히 다루어져서는 안 된다. 하나님은 세상에 존재하는 가장 의미 있는 수확에 동참하게 하기 위해 우리를 불렀다. 다윈의 진화론이라는 농장과 함께 그 농장에서 수확한 모든 증오와 박해, 편견을 뿌리째 뽑아야 한다. 쟁기를 손에 들고 흙을 다시 갈아 엎고 이 세상과 천국 양쪽에서 다문화가 조화를 이루는 미래를 준비해야 한다.

성경 말씀에 따라 은혜의 씨앗을 심고 기르고 보살핌으로 우리는 다문화의 그리스도 교회가 자라는 첫 열매를 손에 쥘 수 있을 것이다. 그러나 이러한 것은 우연히 일어나지는 않는다. 우연히 일어나기에는 너무나도 중요한 일이기 때문이다. 우리에게는 개인적인 계획과 집단의 계획 모두 필요하다.

인종차별주의 분야에서 은혜 관계 운동에 동참하기를 희망하는 모든 사람은 SWOT 분석을 통해 덕을 볼 것이다. SWOT은 비즈니스 용어로 팀의 강점(Strengths), 약점(Weaknesses), 기회(Opportunities), 위협(Threats)을 찾을 수 있도록 도와주는 분석 방법이다. 자신을 알고, 사역과 공동체의 문화와 인구 구성과 아울러 상대자를 아는 것이 어떻게 적용할 것인지를 도와줄 것이다.

우리가 개인적으로 어떤 상황에 있는지를 솔직하게 알기 위해서 은혜가 필요하다. (켄은 이러한 사항에 대해서 앞 장에서 다루었으며, 우리로 하여금 신학과 과학적인 근거를 심성의 수준까지 적용하기를 바라고 있다.) 학생들이 다문화 사역을 준비하도록 도전하기 위해 나는 그들이 기도를 통해 묵상해야 할 질문 목록을 작성했다(부록 C). 자기 진단의 목적은 개인의 강점과 약점을 알아가는 데에 있으며, 이를 통해 자신의 성장 계획을 발전시켜 나가는 것이다. 종종 우리가 진보하지 못하는 이유는 우리 자신이 화합을 해야 할 상대방보다는 우리 자신에게 있다.

농장을 가꾸는 데에 있어서 흙을 준비하는 것이 근본이 되는 것처럼 은혜 관계에 있어서 개인적인 준비는 매우 중요하다. 현명한 농장주는 그의 밭의 현재의 상태를 알고 있다. 이와 같이, 우리는 하나님의 은혜로 연합시키고자 하는 공동체의 구성, 가치, 경험, 관리, 예배 형식, 그리고 역사에 대해서 알고 있어야 한다. 실제 교제를 시작하기 전에 어떤 진리는 타협의 대상이 될 수 없으며, 어떤 문화적 선호는 협상이 가능한지를 결정하는 것이 바람직하다. 많은 계획이 특정 집단이나 공동체가 그들의 시스템과 과정 안에 인종차별적 편견이 숨어 있다는 것을 고려하지 못하고 있다. 개인이 가지고 있는 인종차별주의를 버린 지 오랜 시간이 지난 후에도 인종차별적 이데올로기를 바탕으로 세워진 여러 조직들은 개인들이 의식하지 못할지라도 여전히 은혜 관계를 거부한다. 이런 조직은 인종적으로 분리된 지역에서 잘 나타나는데, 특별히 인종 분리가 빈민 지역에 더 잘사는 사람들을 이주시켜서 원래의 빈민을 정치적, 경제적으로 이주시키는 과정인 상류계층화에 의해 이루어졌을 때 더욱 뚜렷하다.

이 과정에서 우리는 다윈의 농장에서 그들의 보상을 거두어 드리는 것을 배운 사람들로부터 반대에 직면할 것이다. 인종 분리를 통해 이득을 챙기는 세력들을 충분히 인지할 때 현명한 적용이 될 것이다. 교회, 교단, 교육 집단, 이웃, 정당은 모두 피부 색깔에 따라 분리가 되어왔고, 많은 사람들이 그런 분리로부터 권력과 특권과 이득을 얻었다. 그러한 자연적인 분리가 엄연히 존재하는 마당에 분리된 공동체의 지도자와 상인들이 은혜 관계의 혜택을 깨닫지 못하는 것이 과연 놀라운 일인가? 은혜 관계를 우리 지역에 적용하여 성공적인 수확을 거두려 할 때 반드시 있어야 할 것은 현장에서 우리를 기다리고 있는 많은 반대를 공개적으로 평가하는 것이다.

이후의 측량할 수 있는 단계

은혜 관계의 전략에는 꿈과 현실적 관점, 반대에 대한 예상, 그리고 상황적 응용이 포함된다. 또한 좋은 계획은 반드시 발전 상태를 측정할 수 있어야 한다. 수년 전 나는 이런 질문을 했었다. "내가 백인을 받아들이기 위해서 그 사람이 나에게 무슨 일을 해 주어야 할까?" 측정이 가능한 목표가 없다면 나에게 있어서 인종차별주의의 종식은 없는 것과 같았다. "그들"과 "우리"여야만 할까? 아니면 언젠가 진실로 "우리"가 될 수 있을까?

우리 각자는 성경적 진리 위에 지어질 농장에 대한 분명한 그림이 필요하다. 우리 모두는 수확에 이르는 과정 중에 발전을 측정할 수 있는 포인트가 필요하다. 크로스로드 성경학교의 학생인 마티(Marty)가 좋은 예를 보여 준다. "문화와 인종, 그리고 교회"라는 강좌를 수강한 후에, 학생들에게 개인적인 활동 계획을 준비해줄 것을 요청했다.

마티는 어린이복음전도단의 사역자였는데, 은혜 관계에 관련된 이슈에 관해 동료 사역자들을 도와줄 수 있는 워크숍을 개발했다. 이 워크숍은 일주일간 열리도록 되어 있었고 어린이복음전도단의 사역자들을 모을 수 있었다. 마티는 크로스로드 강좌를 응용하여 도심 아이들을 위한 훈련 강좌를 개발하였다. 마티의 사역이 측정가능한 단계를 거쳐서 은혜 관계가 성숙되어 가는 것을 볼 수 있었다.

모든 수확은 열매를 따기 오래 전에 시작된다. 은혜 관계에서 자라는 역동적인 농장도 예외는 아니다. 원하는 열매를 얻기 위해 수년 동안 여러 계절을 거치면서 전략적으로 일을 진행한 결과이다. 다음의 몇 페이지에서는 발전 상황을 점검할 때 고려해 볼 수 있는 몇 개의 가능한 단계의 목록을 다루었다. 열매가 완전히 성숙해서 수확을 거두기까지 많은 시간이 걸리기는 하나, 그 여정의 순간순간에 많은 축복이 있다. 새로운 친구를 사귀는 것, 하나님의 말씀으로부터 독특한 통찰력, 당신을 향한 하나님의 계획대로 살고 있다는 것을 알 때 느끼는 충만함이 그것이다. 당신이 은혜의 열매가 공동체 수준에서 나타나기를 원할 때에조차 이 축복의 많은 부분은 당신의 개인적인 삶에서 하나님의 은혜를 경험할 때 나타난다. 베드로후서 1장 5절부터 7절에서 우리의 사역에 유용하고 결실을 맺게 하는 개인적 과정에 대해 말하고 있다.

그러므로 너희가 더욱 힘써 너희 믿음에 덕을, 덕에 지식을, 지식에 절제를, 절제에 인내를, 인내에 경건을, 경건에 형제 우애를, 형제 우애에 사랑을 더하라. 이런 것이 너희에게 있어 흡족한즉 너희로 우리 주 예수 그리스도를 알기에 게으르지 않고 열매 없는 자가 되지 않게 하려니와

베드로후서 1장 5절에서 8절은 당신의 인생에서 은혜가 풍성한 환경을 만들기 위한 목적과 과정을 제시해 준다. 은혜와 그리스도를 아는 지식이 자라가는 것이 목적이며, 개인의 성품을 지어가는 과정을 통하여 서로 다른 종족/민족, 문화적 배경의 성도들이 친밀한 은혜의 관계를 형성하기 위해 필요한 멋진 본을 제공하게 된다. 이 말씀에 근거하여, 은혜 관계 워크숍과 컨설팅에서 나는 다음과 같은 8단계 모형을 사용한다.

믿음 – 하나님께서는 크리스천을 그리스도 안에 하나로 만드셨고, 하나님의 자녀됨이 개인의 특정한 인종적 유전이나 배경에 우선한다는 성경적 가르침에 감동을 받은 은혜의 꿈. (요 17:11, 21, 22; 엡 2:11-15; 고전 12:13).

　　덕 – 그리스도인으로써 우리는 주 안에서 우리의 (다른 인종들의) 교제에 관하여 말씀의 진리를 나타낼 의지를 갖고 우리의 삶을 하나님께 맡겨야 한다. 그리스도

베드로후서 1장의 순환

인내

경건

절제

형제우애

지식

그러므로 너희가 더욱 힘써 너희 믿음에 덕을, 덕에 지식을, 지식에 절제를, 절제에 인내를, 인내에 경건을, 경건에 형제 우애를, 형제 우애에 사랑을 더하라. 이런 것이 너희에게 있어 흡족한 즉 너희로 우리 주 예수 그리스도를 알기에 게으르지 않고 열매 없는 자가 되지 않게 하려니와(벧후 1:5-8)

덕

사랑

믿음

모형 안에 있는 과정은 우리의 삶속에서 실천하고 결실을 맺어가며 지속적인 성장순환을 통해 구체화될 수 있다.

안에서 한 가족으로 살아갈 정열이 필요하다(약 2:1-3; 행 10:9-34; 갈 2:11-14; 엡 4:3).

지식 – 적절한 교제를 하는 방법에 혼란을 겪고 있음을 인정하고 지식을 구해야 한다. 이러한 주제에 대해 성경을 연구해야 한다. 서로 이러한 사안에 대해 논의하기 시작해야 하며 현명한 조언을 구해야 한다(행 10:9-34; 11:1-18; 약 3:13-18).

절제 – 일단 어떤 원리와 실천이 명백해지면, 은혜의 관계를 형성하는데 도움을 주는 것들에 순종하도록 절제가 필요하다(약 1:21-25).

인내 – 선하고 건강하며 사랑이 넘치는 은혜의 관계가 하룻밤 사이에 만들어지는 것이 아니라는 것을 알아야 한다. 우리는 인내심을 가지고 옳은 것이라 생각하는 것을 계속해야 한다(약 1:2-12; 5:7-12).

경건 – 우리는 순종의 열매를 보기 시작할 때, 합당하신 하나님을 예배하기 시작한다. 하나님의 말씀에 순종하였을 때 하나님께서 어떻게 은혜의 관계에 역사하셨는지에 관한 간증과 모형이 있다(롬 5:3-5).

형제 우애 – 은혜 관계 집단은 공통의 목적을 갖고 승리를 함께 기뻐하고, 패배 앞에서 함께 우는 함께 됨의 인식에서 발전한다(롬 1:7-12; 빌 1:3-8; 2:1-18).

사랑 – 하나님의 사랑은 우리 삶의 동기를 부여하는 요인이 된다. 이 사랑이 우리로 하여금 모든 사람들에게 나아가게 한다. 우리가 좋아하지 않는 사람이거나, 우리에게 큰 상처를 준 사람들에게까지도 아무 조건 없이 다가가게 만들 것이다(요 3:16; 요1 3:11-20, 4:7-21).

베드로후서 성장 주기의 과정을 고려하면, 우리는 어디에 있으며 다음 단계로 넘어갈 계획을 짤 수 있어야 한다. 종종 개인 또는 집단은 나아가야 할 방향이 명확하지 않아 진전을 못하는 경우가 있다. 이 진단 도구는 성장을 지속하기 위한 문제와 처방을 정확히 포착하도록 도와 줄 수 있다. (부록 D에 이 목적을 위한 설문지가 포함되어 있다.)

그리스도는 우리가 닮고자 하는 궁극의 모델이다. 그 분은 하나님을 사랑하고 네 이웃을 네 자신과 같이 사랑하는 것이 계명을 요약하는 것이라고 분명히 말씀하시고(마 22:37-39). 우리는 결코 이 땅에서 그리스도와 같은 사랑에 완벽히 일치됨을 이룰 수 없기 때문에, 우리는 성장 주기를 적용하여 계속해서 성장해 나아가야 한다.

우리 주변의 깨어진 "인종" 관계에서 첫 번째 아담의 충만한 죄성이 여실히 입증된다. 충만한 사랑과 마지막 아담이신 예수 그리스도를 인정하는 더 많은 증거가 그분의 은혜 관계를 통해 나타나야 한다. 크리스천 가족은 하나의 피, 그리스도의 죽음에 의해 하나가 된다. 그리스도의 희생을 치르고 얻은 하나님과의 화목이 분열되고 기능을 상실한 사회의 주목을 받는 사랑의 공동체를 만드는 것을 교회가 보여 줄 수 있을까?

하나님께서는 긴장된 문화적 민족적 관계의 현실을 알고 있는 은혜를 꿈꾸는 자를 부르고 계신다. 하나님께서는 그들이 반대에 부딪힐 것이라고 말씀하시며, 상황에 맞는 적용을 할만큼 지혜롭도록 도전을 주신다. 그리하여 전세계에 은혜 관계를 발전시키도록 하여 하나님의 영광이 되도록 한다.

켄과 나는 당신이 성경 말씀과 이 책을 통한 과학적 근거를 잘 귀담아 들었기를 기도한다. 지금 우리는 하나님의 거룩하신 성령이 이러한 정보를 취하셔서 당신의 심령에 살아 움직이게 하시기를 기도한다.

그와 나는 과거의 어둠이 내일의 밝은 빛을 내쫓게 하도록 하는 것을 거부한다. 우리는 교회에서 여러 다른 문화가 조화를 이루면서 살아가는 아름답고 다채로운 그림을 그리시는 하나님 손의 붓이 되기를 희망한다. 우리의 심령은 은혜 관계에 대한 기대로 두근거리고 있다. 당신도 그러한가?

아마도 당신은 당신만의 생각과 꿈이 있을 것이다. 당신의 마음 속에서 당신은 다른 세계의 그림을 보고 있을지 모른다. 새롭게 태어날 이종 문화 간의 우애에 대한 가능성과 필요를 보고 있다. 당신은 예수 그리스도의 대사로 이 땅에 보내심을 받은 자로서 당신 존재의 목적의 새로운 요소를 느끼고 있다.

아마도 하나님께서는 당신에게 어떤 생각, 구체적인 생각을 주셔서 당신의 심령에 하늘나라에서 온 겨자씨 하나가 심으셨는지도 모르겠다. 그 분의 부르심에 순종하여서 당신을 통해 그리스도의 은혜와 사랑이 흘러 넘치게 하라. 그리고 절대로 이것을 잊지 말라: 생각은 씨앗과 같다.

생각(idea)은 씨앗과 같다. 씨앗처럼 생각도 작아 보이고, 대수롭지 않게 보이고, 그 생각을 하고 있는 사람 본인이 아니면 아무도 알아 채지 못하고 지나칠 수 도 있다. 그러나 의심의 여지없이 확실한 것은 생각과 씨앗은 모두 믿을 수 없을 만큼 엄청난 힘이 있다는 것이다. 기름진 땅에 떨어진 씨앗에서 거대한 참나무가 자라나서, 대지에 단단히 뿌리를 박고, 물줄기를 바꾸고 바람의 방향을 틀어 버리는 것과 마찬가지로 인간의 마음이라는 비옥한 토양에 심겨진 생각이 인류의 사상과 신념으로 자라나서, 세계와 개인의 역사의 방향을 바꾸어 놓게 된다.

이런 성경적인 꿈을 꾸는 일에 함께 참여할 사람이 당신인가? 당신을 위한 다음 단계의 일은 무엇인가? 우리가 천국에서 깨어나 아버지의 뜻을 완전히 깨달아 알 때까지 이 천국의 꿈을 추구하자.

부록 A
민권 운동 버스 납치하기
동성연애와 성경 말씀

찰스 웨어

나는 종교가 항상 동성연애자들에게
증오심을 갖도록 부추겨왔다고 생각한다.
종교는 동성연애자들에 대한 증오심과 악의를 조장한다.
… 그러나 내가 아는 사람들 중에는 동성연애자이면서
그들의 종교를 사랑하는 사람이 많이 있다.
내 생각대로라면, 나는 종교를 완전히 금지시키고 싶다.
오늘날 조직화된 종교는 그 기능을 하지 못하는 것 같다.
종교는 사람들을 참으로 가증스런 나그네 쥐가 되게 하며,
진정으로 자비롭지도 않다.[61]
　　-엘튼 존

　　그 악몽 같은 일요일이 40년쯤 지난, 2005년 12월 19일, 나는 인디애나폴리스 시의회에 앉아 있었다. 마치 운명적인 알라바마에서의 그 날처럼 긴장감이 무겁게 눌려왔다. 남자와 여자, 젊은이와 늙은이, 부모와 자녀, 교사와 학생, 흑인과 백인들이 그 회장 안의 모든 자리를 차지하고 있었고, 그 밖의 사람들은 등을 벽에 기대고 서 있었다. 지역 방송국의 카메라가 돌아가고 있었고, 경찰관이 경비를 서고 있었다. 사람들의 얼굴 표정은, 단호한 음성으로 회장

---

61. Associated Press, "Elton John: Religion Encourages Hatred." *Fox News*, November 11, 2006; available from http://www.foxnews. com/story/0,2933,228860,00.html; Internet; accessed December 7. 2006.

에서 연속적으로 울려 퍼지는 그 단어들과 같이, 명확히 말하고 있었다. 양측이 그들의 입장을 진술하자 혼란과 깊은 생각, 동정과 결단, 토론과 기도가 명확하게 전달되었다.

　자유, 권리, 차별, 증오와 같은 친숙한 단어들이 여기저기서 들려왔다. 양측으로부터 그들에게 상황을 유리하게 굳히기 위해서 하나님의 이름도 사용되었다. 나는 내가 그전에 여기 있었고, 그 모든 것을 다시 듣고 있는 것 같이 느껴졌다. 사용되고 있는 단어들은 로자 파크스(Rosa Parks)가 인종 분리 버스의 앞자리에 있는 백인에게 그녀의 자리를 양보하지 않았다는 죄목으로 체포된 날 법정에서 사용되었던 단어들과 다르지 않았다. (대부분의 역사학자들은 로자 파크스의 불복종 행동이 민권 운동의 시작이라는 것에 동의한다.)

　그러나 이날의 안건은 인종차별에 대한 것이 아니었다. 그날 논의되었던 것은 성적 선호도에 관한 것이었다. 시의회는 제안서 622호에 대한 찬성과 반대의 최후 진술을 듣고 있었다. 제안서 622호는 인권법령에 성적 주체성과 성적 취향을 첨가시키도록 권고하였다. 이것은 "성적 취향에 따른 차별을 금지하려는" 시도였다.[62] 그 제안서는 다음과 같이 용어들을 정의하였다.

　　성적 주체성이란 개인이 가지고 있는 또는 가지고 있다고 생각되는, 출생 시에 개인이 타고난 성과 전통적으로 연관된 특성과는 다른 성과 관련된 주체성, 자기 이미지, 외모, 표현 또는 행동을 의미한다. 성적 취향이란 레스비안 여성, 게이 남성, 양성애자 또는 이성애자와

---

62. "Talley to Back Gay Rights Plan," Indianapolis Star, December 9, 2005, sec. B, p. 1.

같은 개인의 실질적인 또는 인지된 주체성, 혹은 행위를 뜻한다.[63]

그 제안서는 15:14로 투표를 통과했고, 의사봉을 두드려 법안으로 확정되었다. 나는 민권이라는 버스가 지금 막 납치되었다는 느낌을 가지고 회장을 걸어 나왔다.

버스 납치하기

동성애 행동주의자들은, 법을 개정하고 사회적인 지지를 얻기 위한 전략의 일부분으로, 아프리카계 미국 시민의 권리 운동과 게이의 권리를 증진시키겠다는 그들 자신의 의도 사이에 평행선을 그려가는 전략을 이용한다. 확실히, 그들 사이에는 약간의 유사한 점이 있었다. 우리는 그들을 정직히 바라보고자 노력할 것이다. 그러나 이 두 운동 사이에는 커다란 기본적인 차이가 있다 . … 그리고 놀랍게도, 거의 모든 단계에서 다윈의 진화론적인 사고가 나타나고 있다.

일찍이 내가 다양성을 추구하던 때에 나는 건전한 성경적 해석을 근거로 나의 생각을 세워야겠다는 것을 깨달았다. 성경적인 기초 없이는 다양성의 토론에 있어서 비도덕적인 행동과 도덕적인 행동 사이에 합리적인 구별이 없음을 명백히 알게 되었다. 관찰과 개

---

63. City Country Council, "Proposal No.622,2005", City of Indianapolis-Marion County, Indiana; available from http://www.indygov.org/NR/rdonlyres/eshzutemqdxheevnubxzjygnahrhp43tykgqtl7afxezxjp4bpw5x7iaheoidui3ykc5cwuzvsovgaanzrfmblkmhwe/Prop622.pdf; Internet; accessed December 7, 2006.

인적 경험을 바탕으로 나는 도덕적인 분별력을 가지고 성경적 다양성을 주장하기 위해 나의 첫 번째 책인『편견과 하나님의 사람들(*Prejudice and the People of God*)』[64]을 집필하였다.

이 부록에서 우리는 성경이라는 렌즈를 통해서 민권 운동과 동성애 의제 사이의 유사성을 보게 될 것이다. 우리는 먼저 성경이 무엇을 말하고 있는지를 살펴보고, 이 두 운동 사이의 명백한 차이점들을 볼 것이다. 우리가 동성애자 집단과 게이들을 다룰 때의 우리들의 동기의 순수성을 마음 깊은 곳에서 점검하면서 이 일을 할 것이다. 민권이라는 버스가 납치되었는가? 이제 알아보도록 하자.

시민권 운동과 동성애 의제 사이의 평행선

인정받고 싶은 욕망

동성애 의제는 방송매체, 오락, 교육, 그리고 정치적 시스템을 통해 미국문화 전역으로 그 촉수를 뻗치고 있다.

로지 오도넬(Rosie O'Donnell)과 엘렌 드제너레스(Ellen Degeneres)와 같이 게이로 알려진 TV 쇼 호스트는 동성 관계에 대한 지지를 표시하며 전 국민을 달래고 있다. "퀴어아이(*Queer Eye for the Straight Guy*)"와 같은 TV 쇼는 온 국민의 지지를 얻기 위해 유머를 사용하고, "브로크백 마운틴(Brokeback Mountain)"과 같은 영화는 동성 관계를 긍정적으로 보이기 위해 동정심을 유발하는 방법을 사용한다.

---

64. A. Charles Ware. *Prejudice and the People of God: How revelation and Redemption Lead To Reconciliation*. (Grand Rapids. MI: Kregel Publications, 2001).

동성애 집단은 현재 우리 사회에서 그들의 권리를 확립하기 위해 노력하고 있다. 여타 인종 그룹들 또는 지구상의 여타 개인들과 마찬가지로, 그들은 인정받고, 사랑받고, 긍정적으로 대우받고, 그리고 평등하게 대우받기를 바라고 있다.

남용과 차별

아프리카계 미국인, 그리고 게이, 레즈비안, 성전환자, 그리고 양성애자 모두 KKK와 같은 백인 우월주의 단체에 의해 표적이 되어 왔다. 이들은 모두 증오심과 폭력을 경험해 본 적이 있다. 대중의 격분과 불인정을 경험했으며, 공영주택과 일자리에서 거절 당한 경험이 있다.

오늘날 동성 결혼이 불법인 것 같이 1967년까지 아프리카계 미국인과 백인 사이의 결혼은 불법이었다. 두 그룹들은 인정받기 위해 교육적, 법적 투쟁을 진행하고 있다.

"결정론"

사람의 피부색과 민족성은 그들 자신의 선택이라기보다는 출생 시에 그들에게 주어진다. 즉 결정된 것이다. 대부분의 동성애자들도 똑같이 느끼고 있다. 그들은 그들의 성적 성향이 그들의 선택이 아니라고 느끼고 있다. 믿기 힘들겠지만, 이러한 믿음은 그 뿌리를 다윈의 농장에 두고 있다. 만약 진화가 사실이라면, 인간은 단지 수백만 년에 걸쳐 자연의 힘에 의해 진화해 온 세포들의 거대한 조합에 불과하다. 우리는 단순히 유전학과 우리 자연 환경의 압력들의 산물이다. 이것을 "자연결정론(natural determinism)"이라고 한다. 그것은 단순히 우리에게 선택권이 없다는 것을 의미한다.

우리의 욕망, 선택, 그리고 운명은 모두 우리의 통제 밖에 있는 영향력에 기인한다.

우리는 단지 자연의 힘과 우리 자신의 내부 호르몬에 의해 밀려 가는 세포 덩어리이다. 이 시점에서 우리는 "난 할 수 없어, 이게 바로 나야"라는 논지를 하게 된다. (어떤 사람들은 이 공식에 하나님을 대입하여, 말하기를 "나는 할 수 없어, 이게 하나님께서 나를 만드신 그대로야.")

성경의 남용

과거에 아프리카계 미국인 신분과 서로 다른 인종 간의 결혼에 대한 성경구절은 잘못 해석되었었다. 오늘날 많은 동성애자들은 사람들이 동성애가 도덕적으로 잘못되었다는 점을 가르치기 위해 성경을 사용할 때, 성경이 오용되고 있다고 주장한다. 2005년 12월 인디애나폴리스 시의회에서, 그 지역의 목사인 마이너(Miner) 씨는 내가 성도들에게 가르치는 것에 대해 하나님께서 내게 책임을 물으실 것이라고 말하며 나를 공개적으로 비난했다. 마이너 씨는 성경이 동성애에 관하여 부정적으로 말한 것이 없다는 것을 내가 안다고 말했다. 마이너 씨는 15년간 그의 파트너와 일부일처의 관계를 유지하고 있음을 자랑하였고, 그가 주임목사로 사역하고 있는 예수 메트로폴리탄 교회(Jesus Metropolitan Church)에는 인디애나 주의 어떤 교회보다도 가장 많은 동성애 성도가 다닌다고 말하였다. 마이너 씨와 두 명의 다른 동료들은 "동성애, 시민의 권리, 그리고 교회"[65]라는 제목의 토론회 동안 성경이 동성애를 수용하고 있

---

65. *Homosexuality, Civil Rights and The Church: A Biblical Forum*, February 28, 2006, CD-ROM, Crossroads Bible College (Indianapolis, IN: Disclosure, 2006).

다는 그들의 주장을 변론하였다.

마이너 씨는 기독교가 동성애의 생활방식을 허용한다고 주장하며 자신들의 입장을 지지하기 위해 성경을 사용한다고 하는 몇 개의 교회를 대표한다. 짐 울프(Jim Wolfe) 목사는, "게이는 잘못된 것이라는 말을 듣거나 또는 성경은 동성애를 비난한다는 말을 여러분이 들을 때, 여러분은 여러분의 문화로부터 메시지를 받고 있는 것이며, 성경이 문화적 신념에 동조하기 위해 오용되고 있다는 것이 분명하다"라고 말했다.[66]

성경은 아프리카계 미국인들에 대한 합법화된 압제와 차별을 묵인하기 위해 잘못 이용된 경우가 있었기에, 이것이 오늘날 성경적인 근거로 동성애를 반대하는 사람들의 상황과 같지 않는가? 이것은 당연한 질문이다. 이것은 당연한 질문일뿐만 아니라 전체 논쟁의 핵심이 되는 질문이다. 그것은 성경에 대한 질문이다. 성경은 하나님의 말씀이 아니겠는가? 만약 그렇다면, 성경은 무엇이라 말하는가?

성경이 말하는 것

동성애는 부자연스러운 것이다. 그것은 남자와 여자에 대한 창조주의 계획인 자연적 조화에 반대하는 것이다. 동성애는 자연적으로 아이를 낳을 수 없다. 하나님은 명확히 동성애 행위를 창조주의 계획이 아니라 사람의 욕망에 따라 사는 삶의 징후로 보신다(롬

---

66. Rev. Dr. Jim Wolfe, "It's Okay to be Gay," *Indianapolis Peace & Justice Journal* (March 2005): p. 5.

1:25~27).

동성애는 성경 전체를 통해 일관되게 도덕적인 잘못으로 간주된다. 창세기 19장(소돔과 고모라), 레위기 18장과 20장, 로마서 1장, 그리고 고린도전서 6장은 일관되게, 그리고 명확하게 동성애가 도덕적으로 잘못되었다는 점을 말하고 있다.

성경의 명확한 가르침을 억측으로 왜곡하려는 시도는 용납될 수 없다. 혹자는 (요나단과 다윗과 같은) 성경 속 남자들의 우정이 동성애 관계의 성경적인 예라고 주장한다. 이것은 정말 웃기는 이야기다. 성경이 동성애를 비난하지 않는다고 주장하는 사람들은 창세기 19장과 로마서 1장과 같은 내용이 집단 강간과 문란한 생활방식과 같은 행위에 대해 말하고 있다고 주장한다. 이 사람들의 마음에는 이 성경구절들이 '사랑이 넘치는, 일부일처의' 동성애 관계에 대해 말하고 있지 않다. 그것은 사실이 아니다. 유다서 7장의 소돔과 고모라에 관한 언급은 ("이상한 육체"라는 단어를 사용하여) 동성애 행위의 진실을 말하고 있다. 로마서 1장 26~27절의 묘사는 더 이상 명확할 수 없다:

> 이 때문에 하나님께서 그들을 부끄러운 욕심에 내버려 두셨으니 곧 그들의 여자들도 순리대로 쓸 것을 바꾸어 역리로 쓰며 그와 같이 남자들도 순리대로 여자 쓰기를 버리고 서로 향하여 음욕이 불 일듯 하매 남자가 남자와 더불어 부끄러운 일을 행하여 그들의 그릇됨에 상당한 보응을 그들 자신이 받았느니라.

더욱이 로마서 1장의 구절은 하늘로부터의 진리(롬 1:18)와 창조(롬 1:20)를 다시 언급한다. 그리하여 각각 다음 구절들에서의 "내버려 두심"은(롬 1:24, 26, 28) 하나님이 인간을 하늘의 관점 또는 창조의 질서에 대립되는 인간들의 욕정에 내버려 두심에 대한 명시이다.

이런 논쟁과 기타 다른 추측성 주장들은『성경, 교회, 그리고 동성애: 게이 신학의 폭로(*The Bible, The Church and Homosexuality: Exposing "Gay" Theology*)』라는 책에서 반박되었다. 로버트 에이 제이 개농(Robert A. J. Gagnon)은 그의 저서『성경과 동성애 행위: 성경 본문과 해석학(*The Bible and Homosexual Practice: Texts and Hermeneutics*)』에서 이 문제를 철저히 다루고 있는데, 이 책은 동성애가 도덕적으로 잘못 됐다는 명확하고도 일관적인 성경의 가르침에 대한 결정적인 작품 이다.

성경이 남자와 여자 사이의 성경적인 혼인에 대하여 역할과 책임을 부여하는 것과는 달리, 동성애 관계에 대하여는 결코 역할과 책임을 부여하지 않는다(예를 들어 에베소서 5장 21절~33절). 혼인의 성경적인 개념은 동성애 관계에 의해 위배된다. 더욱이, 동성애 관계가 개인적 욕망에 의해 합법화 된다면, 우리 사회는 어디에서 (일부 사람들이 바람직하다고 여길) 다른 비정상적이고 파괴적인 행동들에 대한 선을 그을 수 있는가?

무엇이 아이들과 결혼을 하거나, 여러 상대와 또는 죽은 자, 혹은 동물과의 결혼을 잘못된 것으로 만드는가? 어떤 사람의 욕망은 인정하면서 다른 사람의 욕망을 부정하는 기준은 무엇인가? 창세기부터 요한계시록까지 성경은 일관적인 메시지를 가지고 있다: 한 종족(즉, 인류)이 있고, 두 성별(즉, 남자와 여자)이 있다. 성경은 모든 사람은 하나님의 형상대로 창조되었고, 그 결과 각 개인은 고유의 가치를 가지고 있다고 명확히 말하고 있다. 그리고 신의 권위로 동성애는 잘못됐다고 말하고 있다. 그것은 원죄로 인한 타락과 우리의 죄로 저주받은 세상의 연장선인 것이다. 정욕, 탐욕, 그리고 분노 등과 싸우고 있는 사람들과 마찬가지로 동성애 성향으로 고통 받는 그리스도인들은 완전한 용서와 은혜를 그리스도 안에서 찾을 수 있으며, 그리고 어떤 죄로부터든지 고통 받는 사람들처럼, 그들이 성경에서 드러난 하나님의 뜻에 순종하려 할 때 그들은 즉시 그리고 지속적으로 하나님의 권능에 의지할 수 있다.

그러나 다윈의 진화론은 모든 성경의 권위를 훼손시킨다. 다윈의 진화론을 믿기 위해서는 창세기의 창조론을 거부해야 한다. 그렇게 되면, 성경의 나머지 부분도 거부될 수 있으며 성경의 권위마저 의문시 된다. 결국 성경이 동성애 같은 것은 잘못된 것이라 명확히 말할 때에, 사람들은 성경의 직접적인 명령을 보면서도 "이것은 우화와 전설의 일부분일 뿐이며 오늘날 내 삶에 어떤 진정한 권위도 갖고 있지 않다."라고 말할 수 있다.

2003년 6월 9일, 진 로빈슨(Gene Robinson)은 공개적으로 게이임을 시인한 첫 성공회 주교가 되었다. 그가 자신의 동성애를 변호할 때, 그는 자신의 선택에 대해 종교적인 정당성과 개인적인 정당성을 혼합하여 꾸며댔다.

궁극적으로, 물론, 우리가 주님을 더 잘 섬기기 위해서 우리는 어떠한 대가를 치르더라도 예수님을 예수님의 말씀대로 받아들이도록, 예수님의 넘쳐나는 사랑을 수용하도록, 우리가 창조된 목적인 하나님의 자녀가 되도록 하신다. 나는 나 자신을 게이로서 인정함으로 하나님의 부르심에 대답했다. 내 아내와 나는 우리의 결혼 서약을 "하나님의 이름으로 (서로에게) 명예롭게" 지키기 위해 각자 자기의 길을 가도록 결정하였다. 우리는 우리의 결혼이 시작되었던 교회로 돌아왔고, 그리고 성찬식을 거행함으로, 우리의 결혼 서약으로부터 서로를 놓아주고, 서로의 용서를 구하고, 많이 울고, 우리 자녀들을 공동으로 양육할 것을 약속하며, 그리스도의 육체와 피를 나누었다. 내 자녀들을 잃는 것과 교회에서 내게 임명된 목사직분을 수행치 못함을 감수하는 것은 내가 겪었던 가장 큰 위험이었지만, 그것은 두 가지의 흔들리지 않는 것들을 내게 남겨 주었다: 즉, 나의 존엄성과 나의 하나님이 그것이다.[67]

표면적으로, 이러한 말들은 설득력 있게 들리는 것 같다. 로빈슨 주교는 종교적인 용어를 사용했고, 거기에 성찬의식을 섞고 약간의 감정으로 맛을 내어서 성경이 그가 하여야 한다고 말한 정 반대의 일을 했다. 그가 "하나님의 말씀"에 따라 하나님을 받아들이는 것인가? 전혀 아니다. 그가 하나님의 넘치는 사랑을 진정으로 믿었다면, 하나님의 사랑의 계명이 자신에게 최선의 유익임을 알아서 하나님을 따를 방도를 찾았을 것이다. 그러나 그는 그렇게 하지 않았다. 대신에 그는 자신의 욕망과 세상적인 논리에 근거하여 결정

---

67. Bishop Gene Robinson, *Question and Answers*, The Diocese of New Hampshire, IX Bishop of New Hampshire, The Rt. Rev. V. Gene Robinson; available from http://www.nhepiscopal. org/BishopSearch /Robinson/Robinson_questions.pdf; Internet; accessed December 12, 2006.

을 내린 것이다.

비교할 수 없음

워싱턴, D.C 가족연구위원회(Family Research Council)
의 정책연구 고위 책임자인 피터 스프릭(Peter Sprigg)은 동성
간의 결혼은 인권의 문제가 아니라고 말한다. 2005년 아나폴리스
(Annapolis)에서 열린 "매릴랜드 혼인 변호" 집회에서 스프릭은
말했다 :

> 동성애자 권익보호운동가들은 계속해서 자신들의
> 승무원 차량을 인권이라는 기차에 태우려고 한다. – 이
> 것이 대다수의 아프리카계 미국인을 화나게 한다. 우리
> 나라에서는 인종이 선천적인 것이며, 본인의 의사와 관
> 계가 없고 (당신은 인종을 선택할 수 없다), 불변의 (당신
> 은 인종을 바꿀 수 없다) 것이며, 그리고 무해하다(그것
> 은 아무도 해치지 않는다)는 특정한 이유로 인종을 근거
> 로 한 차별을 금지하고 있다. 이에 더하여, 인종은 헌법
> 에 언급된다. 하지만 동성애적 행동을 선택하는 것은 위
> 의 어떤 조항에도 해당되지 않는다.[68]

---

68. Peter Sprigg, "Same-Sex Marriage Is Not a Civil Right," *At
The Podium, Family Research Council*. January 27, 2005, Issue 99;
available from http://www.frc.org/get.cfm?i=PD05B01; Internet;
accessed December 7, 2006.

심지어 제시 잭슨(Jesse Jackson) 목사는 게이, 레즈비언들이 벌이는 동성간의 결혼을 위한 투쟁은 아프리카계 미국인들의 인권을 위한 투쟁과 비교될 수 없다고 말한다.[69]

미국 내에서의 아프리카계 미국인 인권을 위한 투쟁은 하나님의 형상대로 만들어진 사람이지만, 미국 헌법에 보장된 인권을 거부당한 사람들이 있었다는 체계적인 사실에 기원한다. 반면, 여러 명이든 일부일처든 동성애 관계는 성경적으로도 도덕적으로도 옳지 않다.

그런 관계들은 신성한 디자인에 반하는 것이며, 자손번식이 불가능하고, 옳지 못한 것으로 선포되었으며. 변하기 쉽고 그리고 결코 성경에서 긍정적 입장에서 다루어진 적이 없다.

사람의 창조된 본질을 도덕적 행동 방식의 선택과 동일시하는 것은 결함이 있는 생각이다.

동성애 권익 운동가들이 아프리카계 미국인의 인권투쟁과 동성애에 관한 안건 사이에 신성한 연합을 형성하려는 시도는 이 땅에서의 연합이지, 천국의 것은 아니다.

성경에서는 인류가 하나임을 명백히 논증한다. 동일한 명료성을 가지고 성경은 동성애가 도덕적으로 잘못된 것임을 말하고 있다. "도덕성"은 철학적이거나 추상적인 개념이 아니다.

도덕적으로 잘못된 일은 실제적 삶에 큰 영향을 미칠 수 있다. 성경적인 도덕성은 인생이 일정한 제한 안에서 살도록 설계되었다는 사실에 뿌리를 두고 있다. 만약 우리가 그런 제한 밖으로 벗어난

---

69. Ken Hutcherson, "Gays Are Not the Nation's New African Americans," *The Seattle Times*. March 29, 2004; available from http://seattletimes.nwcource.com/html/opinion/2001890098_hutcherson29.html; Internet; accessed December 7, 2006.

다면, 그 결과는 결코 긍정적이지 못할 것이다.

동성애는 상처를 가져온다. 성경적이고 심리적인 면을 넘어서, 동성애는 공중보건과 경제적인 관점에서도 사회전반적인 상처를 가져온다. 2004년에 5~7퍼센트의 미국 남자 성인과 청소년만이 "남자와 성관계를 가지는 남자"라고 밝힌 반면, HIV-감염으로 추정되는 남자 성인과 청소년의 70퍼센트가 "남자와 성관계를 가지는 남자"였다.[70] 에이즈가 유행하기 시작한 초기부터 2004년까지 완전한 진행된 상태의 에이즈에 감염된 미국남성 756,399명 중, 미국에서 506,213명(66.92%)이 "남자와 성관계를 가지는 남자"의 위험 범주에 속하는 것으로 분류되었다.[71]

너무나 오랫동안, 정치적 정확성은 대중이 반드시 고심해보아야 할 논리적인 질문을 하지 못하도록 했다 : 왜 그토록 상대적으로 작은 인구 집단이 비율적으로 맞지 않을 정도로 높은 비율의 HIV/AIDS 환자인가?

경제적 비용과 관련하여, 미국의 대중들은 동성애적 생활방식이 질병의 확산에 어떤 역할을 하는지에 관한 조사를 하지 못하는 데서 오는 재정적인 타격을 계속적으로 감내하고 있다. 미국에서 HIV/AIDS에 드는 연방 재정(의료보험과 의료보장제도 등)은

70. Centers for Disease Control and Prevention. "CDC HIV/AIDS Fact Sheet: HIV/AIDS Among Men Who Have Sex With Men." Atlanta: US Department of Health and Human Services, CDC, July 2006. Alson available at http://www.cdc.gov/hiv/resources/factsheets/msm.htm; accessed December 13, 2006.
71. Centers for Disease Control and Prevention. "Basic Statistics: AIDS by Exposure Category / Estimated # of AIDS Cases Through 2004." *HIV Infection and AIDS in the United States*, 2004. Volume 16. Atlanta: US Department of Health and Human Services, CDC, 2005, p.32. Updated 2004 numbers available at http://www.cdc.gov/hiv/topics/surveillance/basic.thm#exposure; accessed December 13, 2006.

2004년 한 해에만 110억 달러였다.[72] 주와 카운티(납세자)에서 부담하는 비용은 이와는 별개이며, 사설 보험회사에서 부담하는 비용 또한 이러한 계산에 포함되지 않는데, 이들이 부담하는 HIV와 AIDS 약품과 치료 그리고 호스피스 관리 비용의 증가는 모든 국민의 건강비용이 증가함을 의미한다. 비극적이지만, 동성애자 남성들의 일반적인 성적 관행은 엄청나고 차지하는 비율보다 훨씬 높은 건수의 HIV를 초래할 뿐만 아니라, 한 의사에 따르면, "많은 성병과 신체적 부상의 훨씬 더 큰 위험이 있으며 그 중 일부는 이성애자들에서는 거의 알려지지 않은 것이기도 하다."[73] 사회는 더 이상 한가하게 서서 동성애적 행동을 정상적인 것으로 만들기 위한 시도를 하는 소수의 사람들을 바라볼 수만 없다. 동성애 행동은 도덕적이지 않을 뿐만 아니라 의학적, 국가 재정적으로도 모든 구성원들에게 치명적이다.

가족 또한 막대한 비용을 지불해왔다. "성적 취향"이라는 이름 아래 셀 수 없이 많은 가정이 개인의 열정이라는 제단 위에서 희생되어 왔다. 일부 동성애자들이 "커밍아웃" 할 때, 그들은 가족의 결속력과 약속을 깨드린다. 죽을 때까지 부부관계에 있어서 안전하다고 믿었던 배우자들은 자신이 한 약속보다 개인적인 욕구를 더 중요시한 배우자 때문에 기만당하고 버림받은 자신을 발견하게 된다.

아이들 또한 상처받고 버려진다. 문화와 가정협회(Culture

72. *Trends in U.S. Government Funding for HIV/AIDS: Fiscal Years 1981 to 2004*. Washington, D.C.: Office of the Actuary, 2004. Also available at www.kff.org/medicaid/upload/Fact-Sheet-Medicaid-and-HIV-AIDS.pdf; accessed December 13, 2006.
73. John R. Diggs Jr, MD. "The Health Risks of Gay Sex," Catholic Education Resource Center. Paper published by Corporate Resource Council, 2002. Available at http://www.catholiceduacation.org/articles/homosexuality/ho0075.html; accessed December 13, 2006.

& Family Institute, 미국을 걱정하는 여성들 모임) 책임자인 로버트 나이트(Robert Knight)는, 후버(Hoover) 연구소 전문위원인 토드 린드버그(Tod Lindberg)가 쓴『동성간의 결혼에 관한 반론(*The Case against Same-sex Marriage*)』이라는 제목의 칼럼에 대하여《워싱턴 타임즈》에 편지를 기고하였다.

그 편지에서 나이트는 다음과 같이 말한다:

> 여론조사는 종교적 소속, 인종 그리고 사회경제적 지위를 초월한 결혼에 대해 폭넓은 지지를 보여 준다. 또한 여론조사는 동성애의 사회적인 후유증, 그 중에도 특히 어린이들에 대한 부작용에 대해 미국인들이 점점 더 많이 걱정하고 있음을 보여 준다.
>
> 대중매체는 온전한, 결혼한 가정의 아이들이 가장 바람직하며, 정부가 동성애 결합을 도와주는 곳에서조차 동성애가 아이들의 육체적 · 정신적인 건강에 막대한 위험을 가져온다는 충분히 입증된 증거를 일관되게 무시한다.[74]

대중매체의 압력, 정치적 올바름, 그리고 사회적 수용은 동성애에 대한 많은 비평을 침묵하게 만들었다. 만약 누군가 어떤 행동이 정말로 도덕적으로 옳지 않으며 개개인과 사회 모두에 해롭다고 믿는다면, 그는 가만히 있으면서 침묵을 지켜야 하는 것에 대해 엄

---

74. Robert Knight, "Gay Marriage Is Not Only Wrong; It's Socially Destructive," *Concerned Women for America*, December 17, 2003; available from http://www.cwfa.org/articledisplay.asp?id=5014&department=CFI&categoryid=family; Internet; accessed December 12, 2006.

청난 압력을 느낄 것이다. 한편, 많은 사람들은 사회가 관용하기 위한 행동을 재정의해야 한다는 극단적인 입장을 취한다.

동성결혼 지지자들은 "결혼"이라는 단어가 그들이 원하는 것을 의미할 수 있다고 믿는다. 우리는 반드시 일어나 진실을 말해야 한다. 우리는 반드시 결혼은 한 남자와 한 여자 사이에 해야 한다는 진리를 지켜야 한다.

이런 점에서 많은 사람들이 성공적으로 해 왔다. 여자동성애 커플의 부족 결혼 신청을 접수한 지 몇 주 내에, 체로키족 국가 부족의회는 투표를 통해 결혼은 남자와 여자가 하는 것임을 명백히 정의하였다.[75]

연방 결혼법에 따르면, 미국에서 결혼은 오직 한 남자와 한 여자의 결합으로만 이루어진다고 명시되어 있다.[76] 메리암 웹스터 (Merriam-Webster)의 1996년 법률 사전은 결혼을 "반대의 성별인 사람에게 남편 또는 아내로서 합법적이고 합의적인 계약 관계로 결합된 상태로서 법률에 의해서만 인정되고, 제제를 받으며, 관계가 해소될 수 있다."라고 정의한다.[77]

75. Associated Press, "Same-Sex Marriage Prompts Cherokee to Bar Recurrence," *The Washington Post*, August 22, 2004; available from http://www.wawshingtonpost.com/ac2/wp-dyn/A225382004 Aug21?language=printer; Internet; accessed December 7, 2006.
76. American Civil Liberties Union, "*Frequently Asked Questions About the Federal Amendment and Gay Marriage*," February 25, 2004; available from http://www.aclu.org/news/NewsPrint. cfm?ID=15075&c=23; Internet; accessed December 7, 2006.
77. Marriage. (n.d.). *Merriam-Webster's Dictionary of Law*. Retrieved December 7, 2006, from Dictionary.com website: http://dictionary.reference.com/browse/marriage.

"방향을 돌리자"

명백히, 인권이라는 버스는 탈취되어 왔다. 비슷하게 들리는 단어를 사용하고, 비슷하게 느껴지는 감정에 호소함으로써, 동성애 권익 보호 운동가들은 이 두 가지 정치적, 사회적 운동 사이에 평행선을 그리려고 한다. 그들은 동성애가 비도덕적이라고 믿는 크리스천들이 동성애혐오증(동성애에 대한 공포)을 촉진한다고 한다. 사회에서 동성애에 관한 의제를 선전하는 많은 사람들은 그런 행위를 수용하거나, 그 개인을 미워하는 이슈로 부각시키고자 한다. MSNBC 같은 방송은 종종 교회단체들이 하나님은 동성애를 싫어하신다고 주장하는 문구를 들고 있는 사진을 내보낸다.[78] 이것의 널리 알려진 예가 캔자스(Kansas) 주 토피카(Topeka)에 있는 웨스트보로침례교회(Westboro Baptist Church)에 대한 매스컴의 보도이다. 이 작은 복음주의의 무리는 이라크에서 전사한 미국 군인의 죽음이 미국의 동성애에 대한 하나님의 노하심 때문이라고 주장하며 장례식에서 데모를 했다.

반면에, 연예계 유명인사들은 동성애자들에 대한 증오를 촉진한다고 하여 조직화된 종교를 비난한다. ABC 방송의 〈The View〉 진행자인 엘리자베스 해셀벡(Elisabeth Hasselbeck)은 이슬람 무장단체가 자유민들에게 위협을 가한다고 말했다. 이에 응하여, 로지 오도넬(Rosie O'Donnell)은 "교회와 국가가 분리된 미국과 같은 나라에서 급진주의 기독교는 급진적인 이슬람 못지않

---

78. Josh Belzman, "Behind Their Hate, A Constitutional Debate: Antigay Group Targeting Military Funerals Sparks Free-speech Fight," MSNBC, April 17, 2006; available from http://www.msnbc. msn.com/id/12071434; Internet; accessed December 7, 2006.

게 위협적이다" 라고 말했다.[79]

미국 일간지 《인디애나폴리스 스타(*Indianapolis Star*)》는 Ku Klux Klan의 사진과 함께 광고를 냈는데 그 내용은 다음과 같다:

> 사랑의 상징이 혐오의 상징으로 사용되었던 때를 기억하라. 성경은 동성애자를 포함한, 어떠한 단체에 대해서도 차별을 정당화하기 위해 오용되어서는 안 된다.[80]

대중 매체는 동성애에 관한 의제에 반대하는 것은 곧 동성애를 혐오하는 것과 같다는 메시지를 전한다. 일부 극단주의자들이 하나님의 이름으로 비열한 행동을 하는 것이 유감스럽지만, 대부분의 그리스도인들을 이들 소수의 사람들과 같이 생각하는 것은 부당하다.

많은 크리스천과 다른 미국 시민들은 동성애를 도덕적으로 옳지 못하고 사회에 악영향을 미치는 것으로 본다.[81] 공격적인 동성애 의제에 대한 그들의 반대는 증오가 아닌 사랑하는 마음에서 우러난 것이다.

---

79. World Net Daily, "Rosie: Radical Christians pose Islamofascist threat O'Donnell maintains on "The View: 'We are bombing innocent people in other countries.'" *WorldNetDaily*. November 11, 2006; available from http://www.worldnetdaily.com/news/article.asp?ARTICLE_ID=51956;Internet;accessed December 7, 2006.

80. *Remember a time when a symbol of love was used as a symbol of hate?* Advertisement, *Indianapolis Star*, Indianapolis, IN, May 28, 2006.

81. Peter Sprigg, "Homosexuality: The Threat to the Family and the Attack on Marriage," *At The Podium, Family Research Council*. March 29, 2004; available from http://www.frc.org/ get.cfm?i=PD04F01; Internet; accessed December 7, 2006.

사랑은 공공 노출, 포르노, 근친혼, 그리고 일부다처제에 반대하는 법을 만들게 한다. 동성애 의제에 반대하는 유일한 동기가 증오라고 주장하는 것은 무지의 소산이거나 의도적으로 왜곡하려는 시도이다. 많은 경우, 모든 그리스도인들은 KKK와 필적할 만한 나쁜 사람으로 그려지고 있다. 더 이상 이렇게 둘 수는 없다. 사랑과 진리라는 이름 안에서, 이제는 버스를 되찾아야 할 때이며, 방향을 돌려야 할 때이다.

증오가 아닌 사랑은, 많은 이들이 세속적인 관용이라는 부도덕한 깊은 수렁으로 빠지는 것에 반대하도록 하여 준다. 개인의 욕구라는 제단에 희생되어 온 자신의 식구들에게 아무도 신경 쓰지 않겠는가? 배우자가 죽을 때까지 신실하게 지키기로 한 약속을 깼을 때, 그는 상처를 받고 버려진 배우자를 남기게 된다. 가정의 안보를 위해 싸워 달라고 사회에 요구하는 것은 잘못된 것인가? 만약 어떤 행동이 정말 도덕적으로 잘못되고 개개인들과 사회에 피해를 준다고 생각한다면, 그런 행동을 못 본 척하거나 받아들이는 것은 과연 옳은가?

성경은 모든 인류가 아담으로부터 왔다는 것을 명백히 한다. 하나님의 형상을 지닌 자로서 모든 인간은 가치 있는 존재이다(창 1:26-28). 이 기본적인 믿음은, 비록 사회의 많은 사람들이 그들을 원치 않거나 또는 자신들의 행복을 추구하는데 너무 큰 침해라고 여길지라도 그리스도인들은 아직 태어나지 않은 생명체, 지체 장애자, 그리고 노인들을 위한 선한 싸움을 싸우도록 해 준다.

하나님의 인간 창조에 대한 관심으로 인해 YMCA/YWCA부터 여러 병원과 입양기관들, 노인과 지체 장애자를 위한 사역 등 여러 사회기관이 생겨났다.

긍휼에 관한 한 기독교는 인상 깊고 오랜 역사를 지녔다. 그리스도인들은 동성애 공동체의 가족들을 위한 사역을 시작했다. 동성애 욕구로 힘들어하고 있는 남성과 여성들에 대해 그리스도인들이 긍휼히 여기는 마음은 엑소더스 인터내셔널(Exodus International)[82]과 깨끗한 삶 사역(Pure Life Ministries)[83] 등을 설립하고 지원하는 것을 통해 볼 수 있다. 이 두 전국적 사역은 자신의 행동을 하나님의 도덕적 기준에 맞추려고 노력하는 사람들을 도와 주고 있다. 이 사람들의 가족들도 도움을 받는다. 정부의 지원 없이 이루어지는 이런 사역은 동성애라는 부도덕에 사로잡힌 자들을 증오하거나 상처를 주기보다는 긍휼을 베풀고 그들이 자유로울 수 있도록 돕는다.

일단 이 문제가 확실히 이해되면, 인권이라는 버스를 되찾아서 지속적인 인종 화해의 방향으로 몰고 가자고 주장하는 것이 어려운 일이 아니다. 하지만, 그 길을 가는 중에 이런 문제들에 영향을 주고 있는 다원주의적 사고의 뿌리가 있다는 사실을 잊지 말아야 한다. 다원주의적 사고는 동성애가 사람의 선택에 의한 것이 아니라 그렇게 되도록 결정되었다고 가정하게 만든다. 다원주의적 사고는 도덕성과 진리로 살기에 필요한 성경적 권위를 훼손한다.

그러므로 내 사랑하는 형제들아. 견실하며 흔들리지 말고 항상 주의 일에 더욱 힘쓰는 자들이 되라. 이는 너희 수고가 주 안에서 헛되지 않은 줄 앎이라.(고전

---

82. Exodus International available from http://www/exodus. to:Internet;accessed December 7, 2005.
83. Pure Life Ministries, available from http://www. purelifeministries;Inter-net; accessed December 7, 2006.

15:58)

성경은 반복적으로 사랑이 우리의 행동의 동기가 되어야 하며, 모든 것을 사랑 안에서 하라고 말한다.(레 19:18; 요 13:34; 마 5:44; 등). 개인과 사회 전반에 대한 사랑이 도덕적으로 옳지 않다고 여겨지는 행동을 금지하는 많은 법을 제정하는 동기가 되어 왔다.

증오가 아닌 사랑에서 많은 그리스도인들이 도덕적 기준에 부응하고자 하는 동성애자들의 구원과 건강을 찾게 한다. 우리는 시편 139:23-24의 말씀이 주시는 도전을 마음에 새겨야 한다.

하나님이여. 나를 살피사 내 마음을 아시며 나를 시험하사 내 뜻을 아옵소서. 내게 무슨 악한 행위가 있나 보시고 나를 영원한 길로 인도하소서.

이제는 버스를 되찾아야 할 때이다. 하지만 만약 우리가 똑같은 다윈의 진화론과 인종차별주의의 정신이 우리를 이끌어 동성애자 집단과 증오하는 관계를 갖도록 한다면 얼마나 비극적이겠는가! 성경은 증오, 비난 또는 판단이 아닌 사랑이 우리가 하는 모든 것의 기초가 되어야 함을 명백히 말하고 있다.

부록 B
화합에 대한 오해와
흔히 저지르는 실수들

1. 화합된 팀을 만들기 위해 애쓰면서도 각 사역은 분명한 비전과 사명을 갖고 있다고 믿는 것.
2. 각 사역은 권위, 리더십 스타일, 보상, 음악, 존중 등의 분야에서 분명한 기대치가 있다고 믿는 것.
3. 특정 민족에 대한 사역을 위해 그 민족의 사람을 팀에 합류시키되, 팀 전체의 화합을 고려하여 팀이 일원으로 받아들이기보다는 단순히 합류시키는 것.
4. 긍정적, 사랑의 관계를 장려하는 사회 환경이 부족한 것.
5. 한 사람이 갖고 있는 민족 정체성이 그를 그 민족 집단에 대한 전문가로 만든다고 믿는 것.
6. 한 그룹의 일반적인 특성은 그 그룹에 속한 모든 개인을 정의한다고 믿는 것.

7. 다른 문화를 갖는 그룹들을 단순히 같은 교회에 참석하게 하는 것이 화합이라고 믿는 것.

8. 화합이 단지 인종적/민족적인 것이라고 믿는 것.

9. 화합하기 위해서는 반드시 대상을 좋아해야 한다고 믿는 것.

10. 민족/문화 집단들은 그 그룹 내에서 변하지 않는다고 믿는 것.

11. 우리가 그들과 화합하기 전에 그들이 먼저 우리를 이해해야 한다고 믿는 것.

12. 우리가 화합할 수 있기 전에 그들이 "극복해 내야" 한다고 믿는 것.

13. 구두로 동의하거나 반대가 없는 것은 당신 팀의 확약을 뜻한다고 믿는 것.

14. 화합으로 가는 여정에 이견이나 실망이 없을 것이라고 믿는 것.

15. 우리가 서로를 이해하고 있다고 믿는 것.

16. 나는 결코 외롭지 않을 것이라는 믿는 것.

17. 모든 하나님의 백성은 화합을 원한다고 믿는 것.

18. 모든 문화적 맥락이 똑같다고 믿는 것.

19. 우리가 모든 해결책을 갖고 있다고 믿는 것.

20. 타 인종간의 결혼은 믿는 자에게는 문제가 되지 않는다고 믿는 것.

21. 사람들은 그것이 옳다고 믿으면 화해할 것이라고 믿는 것.

22. 동료로부터 받는 압력은 젊은이들에게만 영향을 미친다고 믿는 것.

23. 다른 사람 그룹에서 온 사람이 항상 우리 공동체에서 환영을 받을 것이라고 안다고 믿는 것.

24. 과거의 잘못 때문에 우리 자신에 대한 부정적인 인식을 바꿀

수 없다고 믿는 것.

25. 화합이 쉽다고 믿는 것.

26. 인종차별주의가 과거 일이라고 믿는 것.

27. 대중 매체의 인종적 고정관념이 우리의 개인에 대한 인식에 영향을 미치지 않는다고 믿는 것.

28. 원리주의자/복음주의자는 인종 문제를 항상 성경적으로 정확하게 다루어 왔다고 믿는 것.

29. 성경은 오늘날의 인종 문제를 충분히 다루지 못하고 있다고 믿는 것.

30. 일체감은 전적인 획일성을 요구한다고 믿는 것.

31. 다문화 교회에서 생기는 모든 불화는 문화적 차이에서 생긴다고 믿는 것.

32. 다문화 교회는 저절로 발전한다고 믿는 것.

33. 피부색이 같은 사람들은 같은 문화를 갖고 있다고 믿는 것.

34. 우리의 아이들에게 이미지는 중요하지 않다고 믿는 것.

35. 우리가 인종 문제에 대해 이야기하지 않는다면 인종 문제는 사라질 것이라고 믿는 것.

36. 인종은 과학적 사실이라고 믿는 것.

37. 인종적 부당 행위에 대한 해결책은 동질적 노력에서 왔다고 믿는 것.

부록 C
솔직한 질문들

교차 문화 사역을 위해 자신을 준비하기 위한 솔직한 질문 :
너 자신을 알라!

1. 얼마나 많은 당신의 "확신"이 개인적 선호인가?
2. 얼마나 많은 당신의 "확신"이 문화적 선호인가?
3. 당신은 타인을 얼마나 잘 관찰할 수 있는가?
4. 당신은 얼마나 잘 들을 수 있는가?
5. 당신은 얼마나 분별력이 있는가?
6. 당신은 얼마나 용서할 수 있는가?
7. 당신은 얼마나 관대할 수 있는가?
8. 당신은 얼마나 겸손한가?
9. 당신은 얼마나 인내심이 있는가?

10. 당신은 얼마나 순종할 수 있는가?

11. 당신은 얼마나 사랑이 많은가?

12. 당신은 얼마나 그리스도를 닮았는가?

이 질문들에 솔직히 답할 수 있는 성숙한 친구가 이 분야를 평가하는 데 가장 도움이 될 것이다.

부록D
은혜 관계 트랙 평가도구
A. Charles Ware

개인평가는 나 ___, 상담자 ___, 기타 ___에 의해 완성되었다.

'기타'에 체크를 했으면, 당신이 평가하고 있는 사람과 당신의 관계는 무엇인가? _____ . 평가받는 사람의 이름은 _____(필요 시)

아래에 나열된 평가 트랙의 각 단계에서 피 평가자의 현재 상태를 가장 잘 말해 주는 숫자에 동그라미 하라: (1) 훌륭함, (3) 만족함 그리고 (5) 형편없음. 제 8장에 제시된 단어의 정의들을 참고하라.

믿음   (1) (2) (3) (4) (5)

덕	(1) (2) (3) (4) (5)
지식	(1) (2) (3) (4) (5)
절제	(1) (2) (3) (4) (5)
인내	(1) (2) (3) (4) (5)
경건	(1) (2) (3) (4) (5)
형제 우애	(1) (2) (3) (4) (5)
사랑	(1) (2) (3) (4) (5)

참고문헌

Anderson, David A. *Multicultural Ministry*, Grand Rapids,
MI: Zondervan, 2004

_____, *Gracism: The Art of Inclusion*, Downers Grove, IL:
InterVarsity Press, 2007.

Appleby, Jerry L. *Missions Have Come Home to America*.
Kansas City, MO: Beacon Hill Press, 1986.

Bakke, Ray. *The Urban Christian*. Downers Grove, IL;:
InterVarsity Press, 1987.

Beals, Ivan A. *Our Racist Legacy: Will the Church Resolve the
Conflict?* Notre Dame, IN: CrossCultural Publication,
1997.

Breckenridge, James, and Lillian Breckenridge. *What Color*

Is Your God?: Multicultural Education in the Church. Wheaton, IL: Victor Books, 1995.

Carter, Earl. *No Apology Necessary*, Just Respect. Orlando, FL: Creation House, 1997.

Clapp. Rodney. *A Peculiar People: The Church as Culture in a Post-Christian Society*. Downers Grove, IL: InterVarsity Press, 1996.

Cooper, Rodney L. *We Stand Together*. Chicago, IL: Moody Press, 1995.

Cone, James H. *A Black Theology of Liberation*. Maryknoll, NY: Orbis Books, 1990.

Cose, Ellis. *A Nation of Strangers: Prejudice, Politics and Populating of America*. New York: William Morrow & Company, 1992.

DeYoung, Curtis, Karen Chai Kim, Michael O. Emerson, and George Yancey. *United by Faith*. Oxford, NY: Oxford Unversity Press, 2003.

Emerson, Michael O., and Christian Smith. *Divided by Faith: Evangelical Religion and the Problem of Race in America*, Oxford: Oxford University Press, 2000.

Evans, Tony. *Developing Cross-Cultural Fellowship*. Chicago, IL: Moody Press, 1988.

Fitzpatrick, Josheph P. *One Church, Many Cultures: The Challenge of Diversity*. Kansas City, MO: Sheed & Ward, 1987.

Gilbreath, Edward. *Reconciliation Blues: A Black Evangelical's Inside View of White Christianity*. Downers Grove, IL: InterVarsity Press, 2006.

Gossett, Thomas F. Race: *The History of an Idea in America*, Oxford: Oxford University Press, 1997.

Griffin, John Howard. *Black Like Me*. Grand Rapids, MI: Zondervan, 1975.

Ham, Ken, et.al. *One Blood: The Biblical Answers to Racism*. Green Forest, AR: Master Books INC., 2004.

Hutcherson, Kenneth. *Here Comes the Bride*. Sisters, OR: Multnomah, 2000.

Kemeny, P.C., editor. *Church, State and Public Justice: Five Views*. Downers Grove, IL: InterVarsity Press, 2007.

Maynard-Reid, Pedrito U. *Diverse Worship*. Downers Grove, IL: InterVarsity Press, 2000.

McKenzie, Steven L. *All God's Children: A Biblical Critique of Racism*. Louisville, KY: Louisville John Knox Press, 1997.

Montoya, Alex. *Hispanic Ministry in North America*. Grand Rapids, MI: Ministry Resources Library, 1987.

Okholm, Dennis L. *The Gospel in Black & White*. Downers Grove, IL: InterVarsity Press, 1997.

Ortiz, Manuel. *One New People*. Downers Grove, IL: InterVarsity Press, 1996.

Peart, Norman A. *Separate No More*. Grand Rapids, IL:

Baker Book House, 2000.

Perkins, Spencer, and Chris Rice. *More Than Equals*. Downers Grove, IL: InterVarsity Press, 1993.

Perry, Dwight. *Building Unity in the Church of the New Millenium*, Chicago, IL: Moody Press, 1998.

Pocock, Michael, and Joseph Henriques. *Cultural Change and Your Church*, Grand Rapids, IL: Baker Book House, 2002.

Prinzing, Fred, and Anita Prinzing. *Mixed Messages*. Chicago, IL: Moody Press, 1991.

Rothstein, Stanley W. *Class, Culture, and Race in American Schools: A Handbook*. Westport, CT: Greenwood Press, 1995.

Schlesinger, Arthur M. Jr. *The Disuniting of America*, Knoxville, TN: Whittle Direct Books, 1991.

Smith, Drew R. *New Day Begun: African American Churches and Civic Culture in Post-Civil Rights America*. Durham, NC: Duke University Press, 2003.

Sowell, Thomas. *A History of Ethnic America*. New York: Basic Books, 1981.

_____, *Race and Culture: A World View*. New York: Basic Books, 1994.

Takaki, Ronald. *Iron Cages: Race and Culture in 19th Century America*. Oxford: Oxford University Press, 2000.

Twiss, Richard. *One Church, Many Tribes: Following Jesus*

the Way God Made You. Ventura, CA: Regal Books, 2000.

Unander, Dave. *Shattering the Myth of Race: Genetic Realities and Biblical Truths*, Valley Forge, PA: Judson Press, 2000.

Usry, Glenn, and Craig S. Keener. *Black Man's Religion*. Downers Grove, IL: InterVarsity Press, 1996.

Ware, A. Charles. *Prejudice and the People of God: Racial Reconciliation Rooted in Redemption and Guided by Revelation*. Indianapolis, IN: Baptist Bible College, 1998.

Ware, A. Charles. and Eugene Seals, editors. *Reuniting the Family of God*. Indianapolis, IN: Baptist Bible College, 2000.

Washington, Raleigh, and Glen Kehrein. *Breaking Down? Sown Walls: A Model for Reconciliation in an Age of Racial Strife*. Chicago, IL: Moody Press, 1993.

Yancy, George A. *Beyond Black and White*. Grand Rapids, MI: Baker Book House, 1996.

저자소개 1

찰스 웨어(Dr. Charles Ware)

찰스 웨어 박사는 인종 화합 분야의 세계적 권위자이며 라이프 코치이다. 여러 개인과 교회, 사역의 개인 자문가로 일하면서, 웨어 박사는 화합이라는 주제와 관련한 여러 문제에 대한 이해를 넓혀 왔으며, 도덕성을 기반으로 한 사랑과 다양성이 존재하는 환경을 개발하고 유지하려 애써왔다. 다문화 사역과 성경적 인종 화합 분야의 인정받는 지도자로서 웨어 박사는 유수한 화합 단체를 설립하거나 형성을 도왔으며, 일곱 차례에 걸쳐 미국 전국 규모의 다인종 사역 대회 (Multiracial Ministry Conferences) 개최에 선봉적 역할을 하였다.

1991년부터 인디애나폴리스 소재 크로스로드성경대학 (Corssroads Bible College)의 총장을 역임하고 있으며, 2002년에 설립된 대학내 크로스로드성경교회(Crossroads Bible Church)의 선임 목사로 봉직하고 있다. 크로스로드성경대학은 기독교대학으로는 독특하게 흑인과 백인, 그리고 다른 인종의 학생들의 비율이 거의 같으며, 다문화 사역의 모델로 미국 내에서 점차 인정을 받고 있다.

웨어 박사는 1972년 펜셀바이나 침례성경대학(Baptist

Bible College of Pennsylvania)에서 종교교육학사를 취득했으며, 1992년 캐피털성경신학교(Capital Bible Seminary)에서 신학석사 (MDiv)와 1993년 펜실베니아주 클라크 서미트(Clarks Summit)의 침례성경신학교(Baptist Bible Seminary)에서 박사학위를(DD) 받았다. 존 퍼킨스 비전 지도자상(2003), 올해의 문화간 활동가상(2002) 등 다양한 수상 경력이 있다.

웨어 박사는 인기 있는 발표자이자 연설가이며 작가이다. 그의 가장 저명한 작품으로는 2001년에 발간된『편견과 하나님의 사람들: 계시와 속량에서 화합에 이르는 길(*Prejudice and the People of God: How Revelation and Redemption Lead to Reconciliation*)』(Kregel출판사)이 있다. 웨어 박사는 다양한 출판사의 기고자이며 '박사가 아니어도 알 수 있어요', '구속에 근거한 화합', '다문화 사역의 도전'과 같은 창세기의 대답 (Answers in Genesis)' 시리즈의 인기 있는 작가이다. 무디 라디오 방송 (Moody Radio Network)의 인기 출연자이며, 전세계 중고등학교 학생들을 대상으로 한 화합 만들기 강좌의 발표자로 일하고 있다.

성경고등교육연합회, AnchorsAway©, 지역사회와 종교관련 문제 주지사 자문단, Urban Foundation(인디애나폴리스), 국제 서머나 사역의 자문단의 이사로 일하고 있다.

웨어 박사는 부인 샤론, 여섯 자녀와 함께 인디애나주 인디애나폴리스에 살고 있다.

저자소개 2

켄 햄(Ken Ham)

1987년 미국으로 이주한 호주 출신의 켄 햄은 미국 내에서 가장 출연 요청이 많은 기독교 집회 강연자 중의 한 사람이다. 매년 수만 명의 어린이와 어른들에게 성경의 신뢰성, 성경적 권위에 대한 절충이 어떻게 사회와 교회를 무너뜨렸는가? (성경적 권위와 사회 질서 정도로 번안하여도 무방하겠음, 역자), 더욱 효과적인 증인의 삶을 살기, 인종 등의 다양한 주제에 관하여 강연을 하였다.

"창세기의 해답(AiG: Answers in Genesis)"의 창시자이며 CEO이다. 베스트셀러인『거짓말: 진화(Lie: Evolution)』와 같은 창세기에 관한 많은 저서와 아동용 도서의 저자이며 공저자이다. 최근의 저서로는『세계관의 전쟁(*War of Worldviews*)』,『유산의 창조: 경건하지 못한 세계에서 경건한 자녀 기르기(*Genesis of a Legacy: Raising Godly Children in an Ungodly World*)』,『사랑의 하나님께서 왜?: 고통과 상실에 관한 능력있는 해답(*How Could A Loving God: Powerful Answers on Suffering and Loss*)』등이 있다. 저자는 "진화론적 인본주의가 사회에 (그리고 교회에까지) 미친 파괴적인 영향은 이제 기독교인을 포함한 모든 사람들이 성경과 창세기의 분명한 가르침으로 돌아가야 하며, 그리스도를 우리의 창조자이며 구원자로 인정하여야 한다는 것을 분명히 가르쳐 주었다. 사실상 오늘날 세상과 타협하는 교회와 의심많은 세상이 당면하고 있는 많은 문제들에 대한 답은 창세기에 있다."고 말한다.

켄 햄은 전세계적으로 850개의 방송국에서 방송되는 '켄 햄과 함께하는 창세기의 해답들'이라는 프로그램에 매일 출연하고 있다. 전국 규모의 텔레비전의 대담프로그램에 자주 등장하고, AiG 웹사이트와 Aig 잡지인 《대답(Answers)》에 기고하고 있다.

오하이오 주 신시내티의 경관이 좋은 50에이커의 땅에 50000평방피트짜리 창조박물관 교육센터를 설립자의 한 사람으로, 이 박물관에는 공룡의 모델을 비롯한 수십 개의 세계적인 전시물이 전시되고 있다.

미국과 전 세계의 교회를 위해 기여한 공로로 두 개의 명예박사학위를 받았다. 오하이오 주 신시내티 소재의 템플대에서 1977년 명예신학박사(DD)를, 2004년 버지니아 주 린치버그의 리버티대학에서 명예문학박사학위(DLit)을 받았다. 저자는 호주의 퀸즈랜드기술연구소(Queensland Institute of Technology)에서 학사를, 퀸즈랜드대학(University of Queensland)에서 교사자격증을 취득하였다.

켄과 부인 말리(Mally)는 5명의 자녀와 4명의 손자손녀를 두었으며, 오하이오주 신시내티에 살고 있다.

저자 연락처

문의나 기타 요청은 Answers in Genesis 사역단체로 하십시오. Answers in Genesis는 복음주의적, 예수중심의 비교파, 비영리단체입니다.

Answers in Genesis
P.O. Box 510
Hebron, KY 41048
USA

Answers in Genesis
P.O. Box 8078
Leicester LE21 9AJ
United Kingdom

Institute for Creation Research
1806 Royal Lane
Dallas, TX 75229
USA